MADRE ANGÉLICA

Sobre la Oración y Vivir para el Reino

Otras obras de Madre Angélica:

¿Qué es el Cielo?

Guía Rápida de los Sacramentos con Madre Angélica

Madre Angélica sobre la Vida de Cristo y Nuestra Señora

Madre Angélica sobre el Sufrimiento y el Agotamiento

Orando con Madre Angélica: Meditaciones sobre el Rosario, el Vía Crucis y otras oraciones

Respuestas, no promesas: soluciones sencillas para los problemas complicados de la vida
Por Madre Angélica y Christine Allison

Madre Angélica sobre la Oración y Vivir para el Reino

EWTN PUBLISHING, INC.
Irondale, Alabama

Sobre la Oración y Vivir para el Reino con Madre Angélica, se publicó originalmente en diez minilibros: *La Oración Viva* (1976), *Jornada en la Oración* (1971), *Compartir Juntos a Dios* (1976), *Pensamientos Divagantes* (1976), *No Hay Amor Más Grande* (1976), *Jesús Es Mi Salvador* (1976), *El Don de la Vida: Él Me Eligió Para Ser* (1976), *Generosidad Compasiva* (1976), *El Espíritu de la Familia* (1976) y *En Alabanza a la Bondad* (1976), Derechos de autor del Monasterio Nuestra Señora de los Ángeles 3222 County Road 548, Hanceville, Alabama 35077, olamshrine.com, e impreso con la aprobación eclesiástica de Joseph G. Vath, D.D., Obispo de Birmingham, Alabama, USA.

Portada y diseño interior por Perceptions Design Studio.

Arte de la portada: detalle del retrato oficial pintado por John Howard Sanden.

EWTN Publishing, Inc.
5817 Old Leeds Road, Irondale, AL 35210

Distribuido por Sophia Institute Press, Box 5284, Manchester, NH 03108.

Hardcover ISBN 978-1-68278-157-9
eBook ISBN 978-1-68278-158-6

Library of Congress Control Number: 2022939345

Primera impresión

Contenido

La Buena Vida

MADRE ANGÉLICA

Sobre La Oración y Vivir Para el Reino

Notas del Editor

Este volumen reúne por primera vez los minilibros llamados La Oración Viva, Jornada en la Oración, Compartir Juntos a Dios, Pensamientos Divagantes, No Hay Amor Más Grande, Jesús Es Mi Salvador, El Don de la Vida: Él Me Eligió Para Ser, Generosidad Compasiva, El Espíritu de la Familia y En Alabanza a la Bondad. Diez "minilibros" escritos por Madre Angélica y publicados por el Monasterio de Nuestra Señora de los Ángeles en los años 70. Cada sección de este libro corresponde a uno de los minilibros originales de Madre Angélica. En conjunto, forman una obra única y hermosa de sabiduría espiritual y reverencia en la oración.

Madre Angélica escribió estas palabras en un cuaderno de papel mientras estaba en adoración al Santísimo Sacramento en la capilla de su monasterio en Irondale, Alabama. Su orden, las Clarisas Pobres de la Adoración Perpetua, ha estado dedicada al Santísimo Sacramento desde su fundación, por lo que es muy apropiado que las obras escritas de Madre Angélica se hayan completado en Su Presencia.

A mediados de la década de 1970, las Monjas del Monasterio de Nuestra Señora de los Ángeles estaban imprimiendo hasta veinticinco mil ejemplares diarios de estos minilibros y otros. Se trataba de una operación de medios de comunicación incipiente, que conduciría a la creación de EWTN, la Red de Televisión de la Palabra Eterna.

Este libro es una representación fiel de la obra original de Madre Angélica, con sólo las correcciones más básicas de errores de impresión, ajustes de formato, etc. Ud. puede estar seguro de que está leyendo una presentación auténtica de la sabiduría y la espiritualidad de una de las figuras más importantes de la historia del catolicismo en América.

La Oración Viva

La Oración Viva

Buscando a Dios

Todo nuestro ser se extiende y busca a su Creador. Queremos ver a Dios y tocarlo. Nuestra alma clama: "¿Dónde estás, Señor?" y entonces, mientras el silencio cierra sus brazos en torno a nosotros, esperamos que algún día oigamos Su Voz decir: "Aquí estoy".

¿El sonido de esa Voz, y el toque de esa Mano, estarán reservados para el Cielo? ¿Vamos a vagar como por "un desierto sin caminos" siempre buscando, pero nunca encontrando? No, Dios se manifiesta a cada uno de nosotros de diversas maneras, en lugares extraños y en tiempos diversos.

Él se cierne sobre nosotros como la "gallina a sus pollitos..." (Mateo 23:37), escuchando el sonido de nuestra voz y los gritos de nuestro corazón, desgarrado por las espinas del pecado y curado por el amor arrepentido.

Cuando Lo buscamos, Él está ahí para ser encontrado. Cuando clamamos en súplica, Él está ahí para escuchar. Cuando nos acercamos a tocar el borde de Su manto, en toda la creación, Él parece detenerse y tomar nuestra mano en la Suya.

Él está en todas partes, pero nuestro espíritu debe buscarlo. No podemos verle con los ojos que sólo pueden ver la creación visible. Es con los ojos del alma, esa visión intuitiva en la fe, que vemos y tocamos a Dios.

Dios es Espíritu, y las facultades mentales que nos ha dado deben utilizarse para sondear las profundidades de la realidad invisible en esta vida. Al igual que un microscopio que revela diminutas criaturas en una gota de agua del estanque, criaturas no vistas por nuestros ojos físicos, nuestra alma debe ver a su Creador, de espíritu a espíritu.

Nuestra memoria recuerda la verdad de Su Presencia Invisible, nuestra imaginación la visualiza, nuestro entendimiento la acepta, y nuestra Voluntad la capta y la mantiene firme. Esa Presencia Eterna, no vista por aquellos que sólo tienen ojos para las cosas de este mundo, es nuestra para tener y sostener.

Una vez que nos demos cuenta de que la oración es Alguien y no algo, comunión y no comunicación, diálogo y no monólogo, y, por último, una unión de corazones más que de mentes, poseeremos un sentido de plenitud, un sentido de propósito y un sentido de humilde dignidad. Sabremos con certeza que somos amados por un gran Dios.

En el Evangelio de San Juan, Jesús dice: "...Y el que Me ame, será amado de Mi Padre; y Yo le amaré y Me manifestaré a él". (Juan 14:21).

Jesús se manifiesta a toda alma que Lo ama. Ese mismo amor, profundo en el centro del alma, siempre encendido y sediento del "...manantial de aguas vivas..." (Jeremías 17:13) es prueba en sí mismo de la Presencia Divina.

Vivir el Momento Actual

El Pasado y el Futuro

Dios nos ha dado a cada uno de nosotros un don más grande que mil computadoras. Se llama la memoria, y todo lo que pasa por nuestros cinco sentidos se almacena en esta facultad.

Podemos recordar el olor de un bistec frito asado con cebolla, y se nos hace agua la boca. El recuerdo de un bello amanecer puede emocionar nuestro corazón en una noche de insomnio. La ayuda de un amigo durante una crisis puede hacernos agradecer a Dios por los que nos envía cuando estamos necesitados. El sonido de una hermosa canción que enamoró nuestras almas el año pasado puede venir a nuestra mente y repetirse como un disco rayado, una y otra vez.

Todo lo que leemos se almacena en nuestra memoria, aunque nuestro recuerdo no nos traiga la información que deseamos.

Muchos Cristianos son torturados por esta memoria: torturados por la culpa de pecados pasados, por resentimientos por viejas heridas, por remordimientos por omisiones pasadas.

El recuerdo de los fracasos pasados puede ser de gran beneficio en el momento actual si se utiliza adecuadamente. San Pablo nunca olvidó cómo persiguió a los primeros Cristianos y ese recuerdo le hizo ser humilde en las pruebas y comprensivo durante la persecución (Hechos 22:4-5).

Pablo tenía muchos recuerdos dolorosos, pues nunca olvidó los numerosos peligros que soportó por causa de la Buena Nueva (2 Corintios 11: 20-29). Tampoco olvidó que cuando estaba en la cárcel nadie le visitaba por miedo a los judíos (2 Timoteo 4:16).

Los problemas que surgen de nuestro pasado no son el recuerdo de ese pasado, sino una necesidad de curación, un cambio, una transformación mediante la cual podemos revestirnos de la "la forma de pensar de Cristo" (1 Corintios 2:16).

Jesús no nos pide que desarrollemos una especie de amnesia espiritual, un bloqueo de todo lo doloroso. Se nos pide, sin embargo, que confiemos en Él para que nuestros pecados puedan ser sumergidos en el océano de Su misericordia. Se nos pide que desarrollemos un espíritu de compasión para que podamos mirar a cualquier persona o incidente de nuestro pasado a través de Sus Ojos misericordiosos.

Se nos pide que transformemos nuestra memoria mediante el poder de Su gracia, para barrerla de todas las telarañas, la suciedad y las superfluidades que mantienen esa facultad tan desordenada, que no hay espacio para Dios.

Hay tres habitaciones en el templo de nuestras almas: la Memoria, el Intelecto y la Voluntad; las tres deben ser devueltas a Dios adornadas con las joyas de la Fe, la Esperanza y el Amor.

Las estructuras de madera que nos fueron dadas en el Bautismo deben ser reconstruidas en esos sólidos materiales aptos para que un Rey habite en ellas. Si permitimos que la estructura original se deteriore y caiga en la ruina por pereza y falta de celo, viviremos en esas ruinas por toda la Eternidad.

Nuestros recuerdos son nuestros, y no podemos culpar a nada, ni a nadie del pasado, por cualquier dolor que habite allí. Si les abrimos la puerta o seguimos dándole vueltas a los incidentes del pasado en nuestra mente, sólo podemos culparnos a nosotros mismos.

Nuestra falta de perdón nos hace odiar, y nuestra falta de compasión nos hace duros de corazón. El orgullo en nuestros corazones nos causa resentimiento y mantiene nuestra memoria en un constante torbellino de pasión y autocompasión.

Desde la Agonía en el Huerto hasta Su muerte, es consolador ver a Jesús vaciando Sus facultades humanas de Sí Mismo. Él entregó por completo Su Voluntad al Padre cuando dijo: "...Hágase Tu Voluntad" (Lucas 22: 42). Vació Su memoria cuando dijo: "Padre, perdónalos, porque no saben lo que hacen..." (Lucas 23:34). Como el Padre, Él estaba lleno de compasión y misericordia, y no iba a permitir que el menor resentimiento entrara en Su memoria.

Como Jesús, todo ser humano tiene suficientes recuerdos en su pasado como para ocupar su tiempo y sus pensamientos continuamente.

Hay numerosas decepciones, penas, tragedias, malentendidos y separaciones que causan un daño incalculable en nuestras vidas y personalidades. No es el recuerdo de estos incidentes sino el revivirlos, lo que causa estragos en nuestras almas.

Nuestra memoria puede recordar un incidente doloroso tan vívidamente que se ve y se experimenta de nuevo. No sólo se revive, sino que se exagera de forma desproporcionada con respecto a la verdad, y como resultado, nuestras emociones se excitan hasta tal punto, que el perdón y la misericordia son imposibles.

Vemos un ejemplo de esto en la vida del rey Saúl. Nunca olvidó el grito triunfal de las multitudes: "Saúl mató a mil, pero David mató a diez mil" (1 Samuel 18:7). El fuego de los celos aumentó en Saúl cuando él revivía ese momento una y otra vez). No pasó mucho tiempo antes de que los celos fueran sustituidos por el odio y el deseo de asesinar.

El sentimiento de celos no fue la causa de la caída de Saúl. Si hubiera pedido perdón a Dios cada vez que sentía esta inclinación, si hubiera alabado a Dios cuya fuerza dio a David el valor para matar a Goliat habría sido agradable a Dios y nunca habría perdido Su favor. Con el tiempo, la memoria de Saúl se habría librado de la autocompasión, la ira y el odio. En cambio, fue constantemente alimentado y nutrido por estas cosas hasta que se convirtió en un maníaco depresivo. Vivió con sus celos, y su vida se convirtió en lo que eran sus pensamientos: descontrolada, triste y llena de odio.

Esto es cierto para todas las pasiones humanas, y un día Jesús iba a decir a los Apóstoles que era del corazón de los hombres de donde surgían las malas inclinaciones, "...la inmoralidad sexual, robos, asesinatos, infidelidad matrimonial, codicia, maldad, vida viciosa, envidia, injuria, orgullo y falta de sentido moral" (Marcos 7:21-23). Nuestros corazones, creados para amar el bien, comienzan a amar el mal.

La repetición frecuente, y a veces constante, de los acontecimientos pasados puede desencadenar estos males mencionados por Jesús y mover la Voluntad a realizar tales actos.

Podemos adquirir el mal hábito de soñar despiertos y vivir en un mundo de fantasía, pero un mundo, no obstante, que tiene el poder de cambiar nuestras personalidades y crear dentro de nuestras almas pasiones y odios que pueden tener consecuencias eternas.

A menudo somos la causa de nuestra propia miseria e infelicidad, y corremos de un lugar a otro buscando alivio y no lo encontramos. En nuestro esfuerzo por adquirir paz mental no vemos la verdadera causa de nuestro malestar: la falta de compasión y humildad.

Sabemos que ciertos pecados del pasado crean complejos de culpa. Los recuerdos de las ofensas del pasado crean ira, a la que nos aferramos a pesar de nosotros mismos. No estamos dispuestos a soltar, y lo hacemos en nombre de la verdad.

Miramos una situación pasada desde nuestro propio punto de vista y justificamos nuestra ira o incluso nuestro odio diciendo que el incidente fue literalmente injusto e improcedente. Permitimos que la verdad del asunto se utilice como medio para justificar nuestras reacciones y ejercer nuestras actitudes pecaminosas. Creamos muy bien las cargas y las imponemos sobre nuestros propios hombros, llevándolas alrededor para que todos los hombres las vean.

Las cargas autoimpuestas son las más difíciles de liberar. Tal vez haya cierta satisfacción en revivir situaciones pasadas, aunque sean muy dolorosas. Hace que nuestra falta de amabilidad o nuestro odio estén tan justificados que sentimos que se hace justicia con las pasiones incontroladas que siempre brotan de nuestro corazón.

Podemos volvernos tan ciegos que suplicamos a Dios que levante esta cruz de nuestros hombros, mientras la apretamos sin vacilar cada vez más cerca de nuestro corazón. No podemos ver que somos culpables de nuestras agonías. Sólo tenemos que dejar caer el amargo pasado, como el equipaje superfluo que es, para encontrar la paz que pedimos con tanto fervor.

La sinceridad está fuera de nuestro alcance cuando nos aferramos a los resentimientos. Sólo a través de la compasión y la misericordia de nuestro Padre puede nuestra Memoria ser sanada de toda la amargura almacenada en ella.

Si nuestras almas están cargadas de culpa, seguiremos trayendo la causa de esa culpa hasta que nos domine.

Los sentimientos de culpa provienen de la falta de perdón automático. Pedimos a Dios que nos perdone muchas veces cuando triunfa nuestra fe, y entonces tenemos la seguridad de Su misericordia. Sin embargo, este perdón está de alguna manera fuera de nosotros y, como nuestro concepto de Dios, está muy arriba en el cielo.

Cada vez somos más conscientes de nuestra capacidad para el mal. Nuestro arrepentimiento se ha quedado a medias. No nos hemos perdonado a nosotros mismos. Nuestro orgullo no puede aceptar el hecho de que hayamos hecho tal cosa.

La humildad nos asegura que somos capaces de males mayores que los que hemos cometido, y la constatación del perdón de Dios aumenta nuestro amor. Nuestra sorpresa no debe ser que hayamos cometido un pecado, sino que no hayamos hecho algo peor.

Debemos darnos cuenta de que el Dios al que pedimos perdón vive en nuestras almas, y no importa la consecuencia que siga a nuestros errores, Él perdonará y lo convertirá en nuestro bien. Podemos confiar en Él y darnos cuenta de que nos perdona amorosamente y quiere que le demos la alegría de vivir en Su Misericordia.

Por desgracia, la mayoría de nosotros alimentamos nuestra culpa y desperdiciamos muchos momentos preciosos en la autocompasión y el arrepentimiento por lo que podría haber sido.

En lugar de repetir la pregunta "¿Por qué hice eso?", deberíamos preguntar más bien: "¿Qué puedo hacer ahora para cambiar?". En el tiempo que se tarda en pronunciar una palabra, ésta ya forma parte del pasado. No podemos recuperar nuestro pasado para cambiarlo, pero podemos utilizarlo para nuestro bien aumentando la humildad. El propio recuerdo de nuestro pecado puede formar parte de nuestra purificación.

El tiempo es tan corto que, a medida que se suceden los momentos, no podemos perder ni una sola oportunidad de empezar de nuevo.

Anhelamos otra oportunidad en la vida, un nuevo comienzo, y, sin embargo, al seguir viviendo en el pasado, hemos perdido y desperdiciado la misma cosa que anhelamos, un nuevo comienzo.

Cada momento de la vida es como una hoja blanca y limpia en la que podemos escribir una nueva canción de amor a Dios.

No importa la melodía que hayamos cantado hace un momento, triste o quejumbrosa, en este nuevo y fresco momento podemos cambiar la melodía por una de alegre esperanza o de amor arrepentido.

Debemos utilizar el pasado para servir a nuestro momento actual. Debemos tener el autocontrol que nos permita utilizar tanto los fracasos como los éxitos del pasado, para hacer este momento actual más fructífero y agradable a Dios.

En tiempos de tentación, el recuerdo de una caída pasada puede darnos el valor para mantenernos alejados de esas ocasiones que nos llevan a pecar. El recuerdo del amor misericordioso de Dios después de haberle ofendido puede estimular nuestros corazones a un mayor amor y sacrificio para Su Gloria.

Nuestras necesidades actuales pueden juzgarse a menudo por el recuerdo de las necesidades pasadas y así ayudarnos a tomar decisiones más prudentes.

La palabra de Dios también debe salir a relucir para darnos valor en el tiempo de la prueba, fortaleza en el tiempo del dolor, gratitud en el tiempo de la alegría y luz en el tiempo de la decisión.

Sin embargo, a la mayoría de nosotros no nos cuesta dar un buen uso de algo de nuestro pasado. El problema es el recuerdo de insultos reales o imaginarios, injusticias, prejuicios, malos motivos, ofensas personales y la mala voluntad de los amigos. Estas heridas encuentran raíces profundas en nuestra memoria y se ciernen ante nosotros como fantasmas en la noche-sombras que crean miedos y odios.

También hay arrepentimientos que enturbian nuestra vida. Miramos hacia atrás y vemos todas las decisiones y caminos que podríamos haber elegido y no lo hicimos. Soñamos con lo que podría haber sido y entonces empezamos a sentirnos inferiores, aburridos y sin éxito.

Sin misericordia y compasión no podemos amarnos a nosotros mismos, ni soportar los fracasos que hemos causado. Como nuestra memoria no tiene compasión ni misericordia por las debilidades de los demás, tenemos poco para nosotros mismos.

El mandamiento de amar al prójimo como a uno mismo será difícil, si no imposible, si nuestro pasado nos hace odiarnos a nosotros mismos. El recuerdo constante de los fracasos del pasado puede destruir la confianza en uno mismo y convertir nuestra vida en un verdadero infierno.

No hay nada más destructivo para el alma que albergar resentimientos contra el prójimo. Es una rebelión contra el mandamiento de amar al prójimo de la misma manera que Jesús nos ama (Juan 13:34-35). Permitir deliberadamente que cualquier recuerdo de ofensas pasadas interfiera con ese mandamiento es cometer un suicidio espiritual.

Jesús nos dijo que amáramos a nuestros enemigos; es decir, debemos desearles lo mejor. Debemos mirarlos con compasión y perdón para que las pasiones de la venganza y el odio nunca entren en nuestra memoria. Es por nuestro bien que Jesús nos ha dado este mandamiento. A lo largo de Su vida Le vemos tratar a Sus enemigos con amor. Incluso, Sus reprimendas fueron dadas para iluminarlos, para que vieran la verdad y la aceptaran.

No es fácil amar a nuestros enemigos, o incluso, a aquellos conocidos, cuyo temperamento nos saca de quicio. Sin embargo, debemos recordar que Jesús nunca nos prometió un camino fácil. Nos dijo que podíamos esperar persecución, incomprensión y odio. Sí, debemos esperar estos males, pero nunca sucumbir a ellos.

Por desgracia, muchos de nosotros nos convertimos en aquello que odiamos. Si nuestra memoria sigue trayendo a la memoria las ofensas del pasado, nos volvemos irritables y enfadados. Si la culpa nos atormenta, nos ponemos a la defensiva o desarrollamos un complejo de inferioridad mezclado con escrúpulos. Cuando recordamos a alguna persona que nos causó dolor, podemos amargarnos y actuar con amargura a cambio, pues la amargura engendra amargura. Lo mismo ocurre con todos los demás males.

Tal vez por eso Jesús dijo que estos males salían del corazón: los acariciamos y acariciamos, hasta convertirnos en lo que son: el mal. Sin embargo, nunca nos culpamos de esta condición del alma. Echamos la culpa de nuestra miseria a quien nos ofendió, o al fracaso que nos humilló. Entonces, nos convertimos en cautivos de nuestra propia trampa. Exigimos ser liberados, pero en nuestro frenesí no vemos que la trampa está cerrada por dentro. Sólo tenemos que girar la llave de la compasión y la misericordia para ser liberados.

Vemos, tanto en Pedro como en Pablo, un esfuerzo continuo por olvidar o utilizar sus fracasos pasados como parte de su santificación. Ambos hombres tenían mucho que olvidar y superar. Nunca permitieron que su pasado se apoderara de su momento actual.

La gracia de Jesús y el poder de Su Espíritu fueron lo suficientemente fuertes como para hacerles superar sus miserias y debilidades. Cuando las pruebas de sus misiones sacaron de nuevo a relucir esas debilidades, se humillaron y alabaron la misericordia de Dios, que eligió a hombres débiles para confundir a los fuertes.

Pablo dijo a los filipenses, "Olvido lo que dejé atrás y me lanzo a lo que está por delante" (Filipenses 3:13-14). Se dio cuenta de que no podía dormirse en los laureles del pasado, ni lamentarse por los pecados pasados. Los embates de su temperamento explosivo le obligaron a seguir adelante con lo que tenía entre manos y a no mirar al pasado.

También Pedro se dio cuenta de lo importante que era mantener la memoria llena de la Palabra de Dios y de Su bondad. En su segunda epístola, Pedro menciona las tres facultades del alma, haciendo especial importancia en la memoria. Después de exhortar a los primeros Cristianos a practicar las virtudes de Jesús, les dice que es necesario "por eso siempre trataré de recordarles estas cosas, aunque las sepan y se mantengan firmes en la verdad que poseen. Me parece bueno refrescar su memoria mientras esté en la presente morada" (2 Pedro 1:12, 14).

Sus intelectos comprendían la verdad, así que sabían lo que se esperaba de ellos. Sus Voluntades eran fuertes, y seguían a Jesús, "mantenían firme la verdad". Pero, Pedro se dio cuenta de que, si estos primeros Cristianos iban a perseverar, debían traer continuamente a sus mentes, a través de sus memorias, el recuerdo de Jesús, sus revelaciones y Su Amor.

No satisfecho con dar a sus conversos muchos recordatorios, Pedro los tranquilizó diciendo: "Por eso procuro hacer todo lo necesario para que, después de mi partida, recuerden constantemente estas cosas (2 Pedro 1:15).

La Escritura deja claro que todo ser humano tiene algo en su pasado de lo que se avergüenza o lamenta. También nos habla de la misericordia de Dios y del bien que podemos sacar de los fracasos del pasado. Debemos colaborar con Dios para obtener el bien de todos nuestros errores.

Jesús mismo utilizó el sufrimiento causado por la malicia, la ambición y el odio de los hombres malos para redimirnos. También Jesús tuvo que mantener Su memoria llena de la compasión del Padre. Nunca permitió que los recuerdos de haber nacido en una cueva fría o el odio de Herodes Le impidieran mostrar misericordia a los pecadores o dar salud a los enfermos. Cuanta más frialdad recibía de los hombres, más amor daba. Cuantas más ofensas sufría, más misericordia Él derramaba.

Nuestra memoria es un precioso regalo de Dios. Creada a imagen del Padre, debe crecer en esa imagen y llegar a ser tan compasiva y misericordiosa como Él.

Debemos utilizar nuestra memoria para lo que requiera el momento actual, pero tenemos el poder de dejarla descansar cuando empieza a perturbar nuestra paz y a crear en nosotros una dureza de corazón.

Hay otra facultad vinculada a nuestra memoria: la imaginación—que también puede causar estragos si tiene rienda suelta. Podemos proyectar el futuro en imágenes tan vívidas, que sufrimos dolor y trastornos emocionales. El miedo a la enfermedad puede proyectarse durante un largo periodo de tiempo insoportable, y la muerte se cierne ante nosotros como una experiencia traumática.

El miedo a los riesgos también hace que nuestra imaginación prevea grandes fracasos y humillaciones cuando nos enfrentamos a una decisión. De hecho, podemos vivir algún acontecimiento futuro con lágrimas, miedos y desesperación.

Pronosticamos la perdición en el horizonte, y nuestro intelecto y nuestra voluntad se paralizan ante la vívida imagen que nos presenta nuestra imaginación. Cada uno de nosotros puede recordar varios momentos y lugares en los que se permitió que esta facultad se desbocara y pusiera nuestras almas en un estado de confusión y tristeza.

Esta facultad no sólo embellece los acontecimientos pasados y proyecta los futuros; también puede hacer que el momento actual sea difícil de soportar. Si no se controla, puede crear actitudes negativas tan fuertes, que las mentiras se convierten en verdades y la verdad se distorsiona.

Nuestra imaginación no nos fue dada para ser utilizada como instrumento de tortura. No es para crear miedos y dudas en Dios y en nosotros mismos. No es para desencadenar nuestras emociones hasta el borde de la desesperación, pero puede hacer, y hace, todas estas cosas cuando está descontrolada.

Cualquier acontecimiento doloroso que nos traiga la memoria, nuestra imaginación puede embellecerlo y exagerarlo más allá de los límites de la razón. Estas cargas autoimpuestas pueden convertir la vida en una prueba de resistencia diseñada para aplastar nuestro espíritu. Clamamos a Dios por ayuda y luego nos amargamos más cuando no hay ayuda a la vista. Sin embargo, olvidamos que ya tenemos la solución a nuestra situación.

Jesús nos dio un ejemplo de cómo vivir en cualquier situación posible. Nos pidió que rezáramos por nuestros enemigos para que el odio nunca se apoderara de nosotros, pero parece que pensamos que la persona que nos ha ofendido es diferente y de alguna manera no entra en la categoría de aquellos por los que debemos rezar.

Nos exhortó a no preocuparnos por el mañana, pero pensamos que nuestro mañana es diferente, y racionalizamos nuestra preocupación y nuestros temores. No confiamos en Él, y el precepto de buscar primero el reino, se convierte en el sueño de un idealista.

Él nos pidió que fuéramos compasivos y misericordiosos, pero sentimos que nuestra autoestima estaría en peligro si no fuéramos francos, cautelosos y prudentes.

Nos dijo que fuéramos mansos y humildes de corazón, pero esto tampoco parece encajar en nuestro concepto de la dignidad humana. Nuestro orgullo se rebela contra la verdad. Aceptaremos el insulto, la importunidad y la grosería para mantener nuestro trabajo, pero no lo haremos por Jesús.

La disciplina mental está fuera de nuestro alcance cuando nos apegamos a nuestras opiniones, miedos, resentimientos, prejuicios y culpas. Somos en su mayoría Cristianos que hablan mucho, actúan poco, se quejan mucho y cambian poco.

A imitación de los primeros Cristianos, debemos fijar nuestras metas cada vez más altas y no conformarnos nunca con nuestros progresos. Debemos poseer una serena urgencia en lo que respecta a la santidad de la vida: ser conscientes de que Dios puede llamarnos en cualquier momento, en cualquier fracción de segundo, y debemos dar lo mejor de nosotros mismos. Pasamos años preparándonos para un pequeño momento en el que nuestras almas dejarán nuestros cuerpos.

En este contexto, es importante que miremos nuestro momento actual porque en uno de ellos Dios dirá: "Ven".

Toda nuestra vida estará representada en ese momento. La forma en que usamos el dolor, el sufrimiento y las decepciones se manifestará por nuestro grado de unión con Su Voluntad en ese hermoso momento. Los resentimientos que hemos albergado y acariciado estarán allí para avergonzarnos. Las virtudes que hemos practicado, el fruto que Él dio en nosotros, serán como muchas joyas en nuestro Vestido de Novia. Sí, cada momento de la vida es como una nueva creación, una nueva oportunidad, un tiempo de renovación y, algún día, serán como un trampolín que nos llevará a la Eternidad.

El Momento Actual

Parece fácil vivir el momento actual. Es evidente para quienes nos rodean que perdemos la paz al menor recuerdo de un pasado doloroso y nos desanimamos al vislumbrar el futuro.

Toda la vida de Jesús es un ejemplo de vivir en el momento actual y aunque esperaba Su Pasión, un acontecimiento futuro en Su vida, nunca permitió que esa previsión influyera en Su momento actual.

Él sabía que Judas lo traicionaría. Ese conocimiento no impidió que Jesús le diera a Judas el poder de curar en aquel memorable día en que Él envió a Sus Apóstoles a predicar la Buena Nueva.

Jesús nos pidió que viviéramos en el momento actual cuando dijo: "No anden preocupados por su vida con problemas de alimentos, ni por su cuerpo con problemas de ropa..." Mateo 6:25) Esto es una preocupación por lo que está por venir, y para grabar en nuestras mentes su verdadero significado, Jesús utilizó dos cosas que son absolutamente necesarias para la vida diaria: comer y vestirse.

"Ciertamente", Él dijo "la vida significa más que el alimento y el cuerpo más que el vestido". Aquí, Él trata de inculcarnos que lo que le ocurre a nuestro cuerpo y a nuestra alma es mucho más importante que cosas fuera de él. La palabra "preocupación" que Jesús utilizó tan a menudo en esta amonestación es típica de "vivir" en acontecimientos pasados o futuros.

Jesús no dijo que no debíamos suplir esas necesidades tanto para nosotros como para los demás. Nos amonestó a no preocuparnos por ellas, a no "vivir" en esas necesidades, a no permitir que las cosas exteriores controlen nuestra mente y nuestro corazón.

Llamó a los que se preocupan "hombres de poca fe", paganos que ponen su corazón en las "cosas" y no en el reino. El corazón del discípulo de Jesús debía ser libre para amarlo en el momento mismo porque Su Padre en el Cielo sabía lo que Él necesitaba y se encargaría de ello.

"Por lo tanto, busquen primero Su reino y Su justicia, y se les darán también todas esas cosas" Mateo 6:33). Este es un llamado a poner nuestras mentes y corazones en hacer Su Voluntad como Él nos la presenta en el momento mismo. Hemos de mirarle cuando adopta diversos disfraces y ser santos como Él es santo.

El futuro, que es el mañana, no debe ser nuestra preocupación. "No se preocupen por el día de mañana, pues el mañana se preocupará por sí mismo. Cada día tiene sus propios problemas" (Mateo 6:34). Jesús nos pide que nos preocupemos por lo que nos trae este día, este momento actual. Él nos recuerda que hay suficientes problemas en este momento para ocupar nuestras mentes y poner a prueba nuestras almas. No quiere que añadamos la carga de mañana a las preocupaciones de hoy. Dios otorga ayudas específicas llamadas "gracia actual" a cada momento sucesivo. Cada gracia está medida para ayudarnos a ser como Jesús en el momento actual. No poseemos la gracia para soportar los dolores del cáncer en un momento en el que sólo necesitamos la gracia para soportar un dolor de cabeza.

Debemos entender que Dios no distribuye Sus gracias específicas antes de que sean necesarias. Nuestro bautismo y el seguimiento de Sus mandamientos nos mantienen en estado de gracia, pero en cada momento de nuestra vida, Dios otorga esas gracias especiales actuales que nos ayudarán a ser como Jesús.

Como María, necesitamos estar "llenos de gracia" para que cuando Dios nos pida algún sacrificio, como a ella, cooperemos con la gracia del momento con todo nuestro corazón.

Una de las peticiones del Padre Nuestro es "Danos el pan nuestro de cada día". Este pan de cada día no es un lapso de veinticuatro horas. Es la gracia del momento y las necesidades materiales de ese momento. Es una petición diaria, minuto por minuto. Somos hijos de un Padre generoso, herederos de un reino, por lo que debemos pedir al Padre que suministre nuestras necesidades. Nuestra confianza, sin embargo, debe ser una confianza infantil en Su Providencia. Con ese espíritu nos damos cuenta de que todo lo que nos sucede, ha pasado primero por Sus manos y Su gracia está con nosotros.

San Pablo recibió una respuesta sorprendente de Jesús cuando pidió ser liberado de su aflicción. "...Mi gracia te basta..." (2 Corintios 12:9). Cuando Pablo pensó que ya no tenía otra alternativa, Jesús le recordó que debía olvidar el pasado y vivir el momento actual: ahí es donde se escondía la gracia. Pablo poseía todo lo que necesitaba para vencer. Fue cuando olvidó su pasado y proyectó sufrimientos futuros que la vida se volvió intolerable. Se perdió la gracia del momento que Dios le estaba extendiendo al perder la esperanza y el valor.

Incluso la parábola del grano de mostaza puede relacionarse con el momento actual. Nuestra vida se compone de millones de semillas de mostaza, de millones de momentos. El cultivo fiel de estas semillas dará lugar un día a una rica cosecha.

Jesús puso una condición para seguirlo a Él. Dijo: "Si alguno quiere seguirme, que se niegue a sí mismo, que cargue con su cruz de cada día y que me siga" (Lucas 9:24). Debemos seguir a Jesús renunciando a nosotros mismos—poniéndonos a un lado—despojándonos de nosotros mismos momento a momento, día a día.

Es una tarea tan gigantesca que proyectar una vida de abnegación presentaría dificultades insuperables. El desánimo llenaría nuestras almas hasta el borde, y nuestras debilidades nos abrumarían.

Puede que nos resulte difícil ser virtuosos durante toda la vida, pero todo el mundo puede ser virtuoso durante un momento, un momento a la vez. ¿Es acaso ésta la "puerta angosta" de la que habló Jesús a sus discípulos (Mateo 7:13) ¿Cuántos son los que tienen la confianza de confiar su pasado a Su misericordia y su futuro a Su Providencia? ¿Cuántos son los que poseen la suficiente disciplina mental para utilizar el pasado y el futuro en su beneficio y luego olvidarlos para perseguir pacíficamente los deberes del momento actual?

El momento actual, el ahora, es como un sacramento, porque un sacramento es un signo visible de una realidad invisible. Todo lo que nos ocurre en nuestro momento de existencia es una manifestación visible de la acción de Dios en nuestras vidas. Es una oportunidad para crecer en gracia, a imagen de Jesús. Dios nos habla a cada uno de nosotros en el momento actual, y nos llama a la unión con Él. Su sabiduría nos proporciona lo que necesitamos para cambiar y transformarnos en otro Cristo.

Nuestra dificultad para ver a Dios en el momento actual suele provenir de la constatación de que a menudo somos víctimas de los fallos, las debilidades, la maldad y las malas intenciones de nuestro prójimo. Nos resulta casi imposible ver a Jesús en este tipo de situaciones. Dios es amor, es bueno y es misericordioso. No podemos equiparar una situación trágica o difícil con Sus Atributos.

Quizás este sea nuestro error. Debemos darnos cuenta de que Dios no causa el mal, pero sí lo permite. Jesús nos dijo que el mundo nos odiaría pero que no debíamos preocuparnos porque Él lo venció (Juan 16:33).

Su resurrección demostró Su afirmación de que vencería, pero cabe destacar que Él permitió que los hombres Le hicieran lo que querían. El Padre no intervino y detuvo todo en nombre de la justicia. Dejó que Su Hijo sin pecado sufriera a manos de los pecadores que vino a salvar.

Jesús nos recuerda que el siervo no está por encima del amo y, aunque no estamos llamados a hacer los sacrificios que Él hizo, se espera que vivamos como hijos de la luz, no de la oscuridad.

Quiere que seamos como Él y que veamos la mano guiadora del Padre en cada momento de nuestra vida cotidiana. Para ello debemos liberarnos del peso de los remordimientos, resentimientos, éxitos y fracasos del pasado. También debemos liberarnos de los temores de lo que nos deparará el futuro.

Esto significa tener una mente clara para los deberes del momento actual. Significa estar en paz consigo mismo poseer el autocontrol tan necesario para la oración y una vida de unión con Dios.

Jesús nos ha pedido que recemos sin cesar. No podemos rezar sin cesar, pero podemos hacer de nuestra vida una Oración Viva, una preparación para ese momento del día en el que hablamos con Dios y le hablamos de nuestro amor.

Estar enamorado de Dios es amarlo con todo nuestro corazón, mente, alma y fuerza. Es relacionar todo en nuestra vida con Él, verlo, amarlo, servirlo y vivir para Él. Es ser conscientes de Su Presencia, Su Amor, Su Misericordia y Su Existencia. Es tener alegría en medio del dolor y autocontrol en tiempos de tentación. Es vaciarnos de todo egoísmo y llenarnos constantemente de la gracia de Su Espíritu. Es pensar como Jesús, ser como Jesús y amar como Jesús. Es no dejarle nunca solo en nuestras almas mientras corremos detrás de las baratijas de este mundo.

¿Es posible vivir una vida de santidad en este mundo? ¿Ha exigido Jesús lo imposible? Para responder a estas preguntas debemos volver la vista a los conversos de Pedro, Pablo y los demás Apóstoles. Estos conversos fueron llamados "Cristianos", seguidores de Jesús.

Debemos ver cómo estos primeros Cristianos utilizaron cada momento de sus vidas para transformarse en imágenes de Jesús. Cuando no estaban hablando con Jesús en la oración, sus vidas manifestaban las virtudes de Jesús.

No se permitieron la autocomplacencia de vivir en el pasado o en el futuro. Nunca sabían cuándo su nueva fe exigiría el sacrificio del hogar, la tierra y la vida. Estaban decididos a vivir cada momento de sus vidas para y con Jesús.

Fracasaron como todos nosotros, pero cuando lo hicieron, se levantaron de esos fracasos con valor y amor. Esto no quiere decir que fueran perfectos y que los Cristianos de hoy en día no lo sean; sólo quiere decir cómo vivieron en su momento en medio de grandes pruebas y dificultades, con la esperanza de que podamos recuperar lo que hayamos perdido y empezar de nuevo a vivir una vida de fervor como ellos.

Tal vez al mirarlos podamos observar cómo oraban sin cesar en sus corazones, mentes y almas.

La presencia de Jesús en sus almas era una experiencia gloriosa para los primeros Cristianos. No era siempre una experiencia de "sensación", sino que era una experiencia de Fe constante y continua: una conciencia de que Dios habitaba en sus almas, y en su prójimo. Las circunstancias dolorosas de la vida no eran más que oportunidades para que encontraran a su Señor y se alegraran de haber sido considerados dignos de sufrir por su Nombre (Hechos 5:41).

A lo largo de las Epístolas y de los Hechos, encontramos a estos primeros Cristianos imbuidos de un espíritu de conciencia y misión—conciencia de la Presencia de Dios en ellos y de que debían manifestar esa Presencia a su prójimo.

Para ello, tenían que rezar, estar en comunión con el Maestro constantemente. Todo su ser debía transformarse en algo maravilloso, en un hijo de Dios. Cada día era un reto, cada día una oportunidad para crecer en la Imagen que tanto amaban.

La pregunta en la mente de los Cristianos de hoy es: "¿Cómo lo hicieron?" Es obvio, por las hazañas que realizaron, el dolor que sufrieron y el martirio que soportaron, que tenían algo de lo que nosotros carecemos.

- Ellos tenían el Espíritu, pero nosotros también.
- Ellos tenían la Eucaristía, pero nosotros también.
- Ellos tenían hombres que les enseñaban la Palabra de Dios—pero nosotros también.
- Ellos tenían un culto comunitario, pero nosotros también.

- Ellos rezaban sin cesar, *pero nosotros no.*
- Ellos poseían una visión de fe, pero nosotros no.

Comenzaron su vida de oración donde la mayoría de nosotros terminamos. No tenían grados de oración que alcanzar, ni definiciones que les guiaran, ni pasos que seguir. No conocían la diferencia entre la oración vocal y la oración de unión. Parecían tener poco conocimiento de los caminos y los medios, pero tenían una gran experiencia con Dios como Padre.

Tenían una humildad sencilla que reconocía sus pecados, y se acercaban a Jesús como Señor y Salvador. Se vaciaron de sí mismos, de sus personalidades, de sus posesiones, de sus metas y de sus deseos, y se abandonaron a Jesús. Mirándose a sí mismos con honestidad, gritaron: "Abba, Padre".

Pasarían siglos antes de que los hombres pudieran definir lo que poseían estos primeros Cristianos. Se necesitarían siglos más para explicar los entresijos de una vida de oración y unión con Dios. Pero para estas primicias de la Redención, la vida era un reto y una oración continua, una meta que el amor alcanzaría y la perseverancia adquiriría.

Sólo tenían un deseo: ser como Jesús en su vida cotidiana. Llegaron a esta meta por el poder y la gracia del Espíritu Santo y el esfuerzo perseverante en la consecución de la Oración de Imitación.

Esta era la Buena Nueva que había que proclamar al mundo. Estaban llamados a ser como Jesús y así demostrar que Jesús era el Señor.

Veremos la forma en que mantuvieron a Jesús en sus corazones y mentes, y crecieron en gracia momento a momento.

Oración de Imitación

A lo largo de todas las Epístolas y los Hechos, uno tiene la impresión de que los primeros Cristianos comían, bebían, dormían, hablaban y discutían sobre nada más que sus creencias y su Jesús. Cuando se enfrascaron en los asuntos del mundo y volvieron a sus viejas costumbres, los Sagrados Escritores los reprendieron severamente.

Debían trabajar para ganarse la vida y ser hospitalarios (Romanos 12:13). Sobre todo, debían ser imitadores de su Modelo Divino y considerar una bendición sufrir por Su Nombre.

Las palabras de Jesús no eran simplemente el fundamento de su fe, sino las máximas reglas por las que vivían. Sus palabras encontraron un hogar en sus corazones. Ese hogar era un lugar en el que sus espíritus crecían a semejanza de Jesús.

Tenían cuidado de que la casa estuviera limpia de la suciedad del pecado y del polvo del egoísmo. No estaba llena de las superfluidades los derroches que impiden moverse con facilidad.

Comenzaron su Imitación de Jesús vaciándose de todo el exceso de equipaje que los agobiaba.

No eran sus posesiones materiales lo que les pesaba, porque compartían todo lo que tenían entre ellos. Hay que señalar que no les faltaba nada. Al compartir, no se privaban, y cuando algunas de las viudas de los Helenistas fueron pasadas por alto, se reclamó una distribución más justa (Hechos 4:34 y 6:1-6).

Estos primeros Cristianos se dieron cuenta de que las cargas y apegos internos eran las verdaderas posesiones a las que debían renunciar por el bien del Reino y de su propia santidad. Sus nuevas vidas se centraron en el objetivo de vaciarse de sí mismos y llenarse de Dios.

"Liberen, pues, sus mentes de estorbos", les dijo San Pedro, "por tanto, tengan listo su espíritu y estén alerta, poniendo toda su esperanza en esta gracia que será para ustedes... tomen, pues, en serio estos años en que viven fuera de la patria" (1 Pedro 1:13, 17).

Su verdadero hogar era el Cielo, por lo que este mundo y todo lo que hay en él, tomó la apariencia de una residencia temporal, un lugar lejos de casa, una posada en un viaje. Con este concepto en mente y las Promesas Divinas en sus corazones, se convirtieron en peregrinos y viajeros que estaban de viaje.

Como todos los viajes, adquirió el aspecto de un reto y una aventura. Compitieron entre sí, no en las búsquedas mundanas, sino en la imitación de Jesús.

"Amados hermanos", les dijo Pedro, "os exhorto a que, como extranjeros y forasteros, os abstengáis de las apetencias carnales que combaten contra el alma" (1 Pedro 2:11).

La vida comenzó a tener sentido cuando escucharon a Pablo decir " y reconocido desde lejos, confesándose extraños y peregrinos en la tierra... los que así hablan, hacen ver claramente que van en busca de una patria... pues si hubieran añorado la tierra de la que habían salido, tenían la oportunidad de volver a ella" (Hebreos 11:13-14).

La repentina comprensión de que este mundo no era "el hogar", dio a los Cristianos un tipo de vida y una forma de vivir totalmente nuevos. No sólo se dieron cuenta de esta verdad, sino que se les dijo dónde estaba el "hogar" y cómo prepararse para él.

No tuvieron la lucha por el desprendimiento que tenemos nosotros porque al darse cuenta de que la tierra no era su hogar, todo a lo que se aferraban les pareció de repente poco importante.

Este desprendimiento no les hacía indiferentes. No, trabajaban, y trabajaban mucho, se preocupaban por los demás y compartían con ellos lo que poseían. Vivieron una vida plena, pero nunca se vieron limitados o atados por lo que lograron o por las exigencias de la vida.

Eran libres, y esa libertad fue pagada por la Preciosa Sangre de Jesús (1 Pedro 1:18-19). "...Si os mantenéis en Mi Palabra, seréis verdaderamente Mis discípulos, y conoceréis la Verdad y la verdad os hará libres" (Juan 8:32).

La verdad de que Dios vivía en estas almas a través del poder de Su Espíritu, y que el Cielo era su verdadero hogar, hizo de estas personas hombres y mujeres nuevos. Sus mentes pensaban de una manera nueva; sus acciones eran semejantes a las de Cristo; sus motivos eran puros; sus almas estaban revestidas de una fe que movía las montañas del mal a su alrededor.

De repente, todas sus vidas tenían un propósito y una misión. Veían a Dios en todas partes y en todo lo que les ocurría. Sobre todo, ahora tenían a alguien a quien seguir, un modelo perfecto por el que medirse.

Aunque los Evangelios no se habían escrito, cada Cristiano anotaba las palabras de Jesús que le atraían, las memorizaba y luego vivía de acuerdo con ellas. Pedro y Pablo comenzaron a escribir cartas que explicaban la fe. Estas cartas se copiaban y se pasaban como preciosos tesoros.

Jesús les había dicho que debían bailar de alegría cuando fueran perseguidos porque su recompensa era grande en el Cielo (Mateo 5:11-12).

Esa única afirmación dio sentido a sus vidas. Durante siglos, el mundo experimentó dolor y sufrimiento sin sentido ni propósito. La vida humana era prescindible y la compasión se consideraba una debilidad. La enfermedad y la injusticia estaban por todas partes, y la ley del país era sobrevivir a cualquier precio.

Todos los paganos venían de las tinieblas, vivían en las tinieblas y, cuando morían, les esperaba la más negra de las noches. La única felicidad disponible eran los placeres de este mundo, y uno se apoderaba de todo lo que podía, ya que mañana moría y no había nada por venir.

Cuando un pagano observaba a Israel en busca de esperanza, encontraba un aspecto de paz interior. Sin embargo, el Pueblo Elegido discutía entre sí sobre lo que había de venir. Algunos creían en una vida después de la muerte; otros no. Para el pagano que buscaba soluciones a sus dudas, esto era poco consuelo. Nadie parecía tener respuestas a sus dudas y preguntas.

Y entonces una Luz atravesó las tinieblas, y aunque también creó una oscuridad en virtud de su intensidad, esta nueva oscuridad era del tipo mezclado con un misterio impresionante, no con la duda. Era una oscuridad que daba dirección, paz y seguridad, porque ahora los creyentes tenían una Mano, y esa Mano era la de Dios. Ahora experimentaban una Presencia, y esa Presencia era Su Espíritu en sus almas. Sí, la vida misma y el mundo en el que vivían no cambiaron demasiado, pero cada uno de ellos cambió, y eventualmente cambiarían el mundo.

Se reunían, a veces en secreto, para hablar de Jesús. Cada uno contaba sus experiencias, o algunas palabras que le habían dado los Apóstoles, y todos rezaban y cantaban salmos. Compartían Su Cuerpo y su Sangre al Romper el Pan y salían al mundo para poner en práctica lo que habían aprendido.

Nunca antes habían tenido un Dios al que cual imitar. Todos los dioses que tenían como paganos estaban muy por encima de ellos e infundían temor en sus corazones. También el Dios de Israel era un Dios Asombroso cuyo nombre muchos no podían pronunciar. ¿Cómo se podía imitar a un Dios tan superior a la propia naturaleza, perfecto y santo en todo lo que hacía?

Y entonces llegó Jesús, el Hombre y Dios. Era Alguien con quien podían relacionarse, Alguien a quien podían seguir,

Alguien que experimentó su miseria y triunfó, Alguien que superó la oscuridad y les mostró la Gran Luz.

Cambiaron de camino en su viaje de la vida. Dejaron el desierto sin dirección por un camino a menudo rocoso y montañoso, pero un camino con una dirección definida y un fin a la vista.

El tiempo se convirtió en la distancia entre donde estaban y donde debían ir. Jesús se convirtió en el Camino a su destino, y el Cielo fue su Patria.

En este contexto, todo se veía a la luz de la Eternidad. Cada acción era juzgada por la luz de Jesús. Cada momento del tiempo era una oportunidad para crecer en Su Imagen y avanzar más cerca del Reino. Todo adquiría un nuevo aspecto, cada situación de la vida un nuevo significado. Cada ser humano era una imagen de Dios y cada sufrimiento una oportunidad para ser como Jesús.

Sus vidas tenían un propósito, ya que Dios les guiaba en cada paso del camino. Pronto se dieron cuenta de que si querían perseverar en su viaje, seguir Su Camino y mantenerse en la "senda recta y estrecha", necesitaban energía espiritual.

Ellos necesitaban una fuente constante de fuerza, y la encontraron en la oración.

Para los primeros Cristianos, la oración era como respirar; formaba parte de su existencia en cada momento. No era una obligación tediosa, sino una efusión del corazón hacia Alguien muy cercano, Alguien que vivía en sus propias almas.

Su oración era un deseo de ser como Jesús, y no separaban sus vidas de la oración. La oración se convirtió en una parte tan importante de la vida que se entretejía en ella como los hilos de oro de un tapiz.

Pensar en Jesús era rezar. Amar a Jesús era rezar. Hablar de Jesús era rezar. Ser como Jesús era glorificar al Padre.

Jesús les dijo: "La Gloria de Mi Padre está en que deis mucho fruto, y seáis Mis discípulos" (Juan 15:8). Dar gloria al Padre era para ellos la forma más elevada de oración. Ser discípulo era la mejor forma de mostrar su gratitud por la Redención.

Estos Cristianos estudiaron la vida de Jesús y vieron lo que hizo y cómo actuó en cada circunstancia. Se dieron cuenta de que "Porque Él mismo, habiendo sido probado en el sufrimiento, puede ayudar a los que se ven probados" (Hebreos 2:18).

"Por eso", les dijo San Pablo, "Por tanto, hermanos santos, partícipes de una vocación celestial, considerad al apóstol y Sumo Sacerdote de nuestra fe, a Jesús" (Hebreos 3:1). Este era el secreto de su capacidad de orar sin cesar. En todo lo que hacían, ponían su mente en Jesús.

Debían "...mantener sus mentes constantemente ocupadas en hacer buenas obras" porque ahora eran hijos de Dios y hermanos de Jesús (Tito 3:8).

Pablo les recordaba: "Porque se ha manifestado la gracia salvadora de Dios a todos los hombres, que nos enseña a que, renunciando a la impiedad y a las pasiones mundanas, vivamos con sensatez, justicia y piedad en el siglo presente". (Tito 2:11-12).

Ellos tuvieron que renunciar a sus viejas costumbres y adoptar otras nuevas. La comprensión del Cielo como Patria los desprendió de sus posesiones y la comprensión de que el Padre envió a Su Hijo para redimirlos, los desprendió de sí mismos. No pensaron en otra cosa que en la nueva vida y se despojaron de la antigua como de un vestido roto.

Las palabras de Pablo pasaban por sus mentes una y otra vez: "Toda persona que está en Cristo es una creación nueva. Lo antiguo ha pasado, lo nuevo ha llegado" (2 Corintios 5:17). "Y así gemimos en este estado, deseando ardientemente ser revestidos de nuestra habitación celeste" (2 Corintios 5:2).

Estos dos pensamientos les dieron alas para volar a los brazos de Dios. Ya no temían el futuro, ya no se agobiaban con su pasado, sino que vivían el momento actual como Jesús, su Modelo y Señor.

Eran "Embajadores de Cristo", Su "carta al mundo", hijos del Padre y testigos de que Jesús era el Señor. Pertenecían a Dios y demostraban que eran hijos porque procedían "con mucha constancia en tribulaciones, necesidades, angustias; en azotes, cárceles, sediciones; en fatigas, desvelos, ayunos; en pureza, ciencia, paciencia, bondad; en el Espíritu Santo, en caridad sincera, en la palabra de verdad, en el poder de Dios; mediante las armas de la justicia: las de la derecha y las de la izquierda; en gloria e ignominia, en calumnia y en buena fama; tenidos por impostores, siendo veraces" (2 Corintios 6:4-8).

Ellos combinaron todas estas metas en una sola: ser como Jesús. Todo el poder de sus Voluntades estaba orientado en una dirección: ser como Jesús. Tenían un solo deseo y una sola ambición: ser como Jesús.

- Serían humildes, porque les dijo que aprendieran de Él, pues era manso y humilde de corazón.
- No se preocuparían, porque les dijo que confiaran en el Padre, que cuidaba de ellos.
- Dejarían sus cargas a Dios, porque Él les dijo que no juzgaran.

- Buscarían la realidad invisible detrás de los sufrimientos de la vida, porque Él les dio las Bienaventuranzas para asegurar su alegría
- Nunca se sentirían solos, porque Él les dijo que el Espíritu viviría en ellos y traería a sus mentes Sus Palabras.
- Compartirían unos con otros y harían de la hospitalidad su especial alarde porque Él les dijo que se amaran unos a otros como Él los amaba.

Sabían en lo más profundo de sus almas que, por alguna misteriosa razón, Dios los amaba con un tremendo amor y debían devolver ese amor de la mejor manera posible.

"En otro tiempo erais tinieblas", les dijo Pablo, "pero ahora sois luz en el Señor; sed como hijos de la luz, porque los efectos de la luz se manifiestan en la bondad completa, la vida recta y la verdad" (Efesios 5:8-9).

El poder de Su muerte y Resurrección convirtió a los hijos de las tinieblas en faros de luz. El poder de Su Espíritu cambió sus vidas y les hizo irradiar bondad. Su misión era "exponer las tinieblas por contraste" (Efesios 5:11).

No necesitaban predicar a Jesús: ellos eran Jesús. Ellos interiorizaron Sus hermosas cualidades, realzaron sus propias personalidades modelándolas de acuerdo a las de Él, y luego llevaron a otros al Padre por su Alegría y Amor.

Se les dijo que "imitaran a Dios y siguieran a Cristo amando como Él amó" (Efesios 5:1) y esa imitación constituía un estilo de oración antes desconocido.

Su vida de oración antes era un homenaje temeroso. Las palabras que pronunciaban eran mesuradas y reverentes, mezcladas con un sentimiento de inferioridad e inadecuación.

Ahora conocían a Jesús, el propio Hijo de Dios. Poseían Su mismo Espíritu; eran herederos con Él de una vida eterna, y esta comprensión hizo de toda su vida una Oración de Imitación.

En todo lo que decían o hacían, las palabras de Pablo renovaban su determinación de ser como Jesús. "No os acomodéis al mundo presente", dijo, "...antes bien, transformaos mediante la renovación de vuestra mente...". "Tened entre vosotros los mismos sentimientos que Cristo" (Romanos 12:2 y Filipenses 2:5).

Sus vidas se hicieron nuevas al pensar como Jesús y esta revolución espiritual cambió sus acciones, sus actitudes, sus objetivos y sus deseos. Sus vidas se convirtieron en una oración, pues cada momento estaba coloreado por el anhelo de ser como su Dios (Efesios 4:23).

Jesús dijo que con Él en ellos darían mucho fruto, pero que sin Él no podrían hacer nada. Esta afirmación debió parecerles difícil de entender, ya que todo ser humano desea ser él mismo y quiere que su personalidad sea completamente suya.

Debieron tardar un poco en darse cuenta de lo que significaba todo aquello. Cuando se compararon con Jesús, se dieron cuenta cada vez más de la gran diferencia que había entre ellos y Jesús.

Observaron Sus acciones en todo tipo de situaciones, escucharon o leyeron Sus palabras de consuelo y aliento, y lo vieron triunfar sobre Sus enemigos. Se dieron cuenta de que no era cuestión de amoldarse a un modelo comunitario. No era cuestión de renunciar a la propia personalidad o a la voluntad; era cuestión de elegir, de usar el libre albedrío, de ser lo suficientemente humilde para saber que Él tenía algo mejor que dar, y de amar lo suficiente para querer ser como Él.

Era una elección que uno hacía de beber en la fuente de agua viva, de llenarse de la gracia que viene sólo de Dios, y de desarrollar sus buenas cualidades naturales en acciones como las de Dios.

No era esclavitud, era libertad: una oportunidad para sustituir un vacío que se llenaba constantemente, una estrechez que se ampliaba continuamente.

Sus vidas cambiaron tanto que todos los reconocían como Cristianos. Sus deseos, actitudes, discurso, acciones y opiniones cambiaron de tal manera que atrajeron a los paganos de todas las naciones.

Sí, sus vidas eran una hermosa Oración, siempre cambiante en su expresión, siempre armonizando con las situaciones de la vida, siempre en sintonía con la melodía que escuchaban del Corazón de Dios.

Oración Mental

Los primeros Cristianos pronto aprendieron que había muchas formas de expresarse con Dios. Había momentos en los que le hablaban a Dios de Su Belleza—o de sus necesidades—y eso era la Oración conversacional.

Le hablaban a Él, en silencio en sus pensamientos, y mientras Le hablaban se daban cuenta de que Él les respondía. Él respondía de la misma manera que ellos hablaban: con el pensamiento.

Muchas veces tuvieron miedo al ser perseguidos como animales, y ese mismo miedo los llevó a pedir ayuda a Dios. En esos momentos sentían que una oleada de valor reanimaba sus espíritus, y las palabras de Jesús pasaban por sus mentes. Entonces se preguntaban por qué habían tenido tanto miedo. Se daban cuenta de que Dios les había hablado, y de que Su Palabra estaba probada por el poder.

Otras veces tuvieron que luchar contra el enemigo interior y se dieron cuenta de que necesitaban disciplina mental para controlar las facultades espirituales que causaban tantos estragos en sus almas.

Tranquilizaban sus mentes utilizando sus recuerdos para rememorar algún incidente de la vida de Jesús. Este esfuerzo calmaba esa facultad de cualquier resentimiento que pudiera estar depositado allí. Para que el pensamiento de Jesús se afianzara, utilizaban la imaginación para imaginarse la escena, y de repente era como si estuvieran realmente allí. Sentían los sentimientos de su Corazón en aquella situación y comenzaban a aplicarlos a sí mismos.

Para los primeros Cristianos este tipo de Oración era una "experiencia de Jesús", pero para nosotros es una "meditación". Para ellos era una experiencia del corazón; para nosotros es una experiencia de la mente. Para ellos era una visión de fe que resultaba en un cambio de vida; para nosotros es un ejercicio intelectual que resulta en especulaciones y argumentos teológicos. Ellos rezaron y cambiaron a sí mismos; nosotros rezamos y cambiamos las cosas.

Algunos Cristianos mundanos no siguen totalmente el ejemplo de Jesús. Sus vidas de oración se limitan a la Oración conversacional cuando tienen necesidad, a la Oración formal cuando no se les ocurre qué decir a Dios, y a veces a la Oración mental cuando sus almas están en paz.

Todas estas formas de oración están limitadas a un tiempo y a un lugar. Son parte de nuestra vida de oración, pero sólo una parte, y si esa vida se alimenta sólo de estas formas de oración, Jesús irá y vendrá en nuestra vida según nuestras necesidades, tiempo libre y capacidades. No será nuestro Compañero Constante y Amigo íntimo. Por eso, nunca debemos de dejar de rezar.

La Oración de Imitación de los primeros Cristianos les dio el impulso necesario para hacer surgir en su mente y en su voluntad el deseo de ser como Jesús en todo. A fin de preparar sus corazones para esta transformación leían y releían todo lo relacionado con Jesús y su Personalidad.

Era la Personalidad de Jesús la que los Cristianos intentaban imitar. Se dieron cuenta de que Jesús era el modelo perfecto de cómo actuaba y pensaba un hijo de Dios.

Para perfeccionar sus propias personalidades y sacar a relucir aquellas cualidades que estaban enterradas por el pecado, la debilidad y las imperfecciones, los Cristianos debían mantener sus ojos, su mente y su corazón en el Modelo Divino. Habían visto a otros hombres imperfectos como Pedro, Pablo, Santiago y Juan desarrollar en sí mismos cualidades del alma que asombraban al mundo. Parecían haber nacido de nuevo, estar llenos de alegría, ser dueños de sí mismos y estar libres de las preocupaciones de este mundo.

Se dieron cuenta de que el fundamento de sus acciones eran sus pensamientos y así comenzaron a llenar sus mentes con un concepto mental de Jesús que se tejía en cada situación y traía a sus mentes un patrón y un paralelo entre ellos y Él.

Como lo amaban a Él, este esfuerzo nunca fue forzado, ni tenso. Era la consecuencia natural de un amor profundo, un amor que hacía que las partes implicadas fueran una sola.

Cuando oían o leían que Jesús "se compadecía" de una multitud, no se conformaban con pensar en la escena para contemplar Su compasión, sino que entraban en Su Espíritu y empezaban a "sentir" como Él.

¿No había puesto Su Espíritu en ellos cuando fueron bautizados? ¿No fueron llamados a seguirlo como discípulos fieles? Pues bien, cooperarían con ese Espíritu y actuarían en consecuencia.

Su compasión por los pecadores sería la de ellos, y desarrollarían los Dones que les fueron dados utilizando cada situación para crecer a Su imagen y semejanza.

Sus mentes tenían que "pensar como Jesús". Sus corazones tenían que "sentir" como Jesús. Sus voces tenían que difundir la Buena Nueva sobre Jesús.

San Pablo les había dicho en una carta que "...guardaran sus corazones y sus pensamientos en Cristo Jesús" (Filipenses 4:7). Así es como perseverarían en su Oración de Imitación: pondrían una guardia en la puerta de su Memoria, cuidando de que ninguna amargura o resentimiento se instalara allí. Llenarían sus mentes con "...todo lo que encontraran de verdadero, noble, justo y limpio" (Filipenses 4:8).

Cuando se sentían tentados a la ira o a maldecir, pensaban inmediatamente en Jesús cuando se presentaba ante Sus enemigos con serenidad. Su contemplación iba más allá de la etapa de "pensamiento". Su imaginación imaginaba a Jesús en perfecto autocontrol, y sus corazones respondían haciendo lo mismo que Él.

Utilizaron sus mentes para recordar la vida de Jesús, pero fueron más allá y penetraron en el Corazón y los sentimientos de Jesús. Sus mentes no sólo recordaban y veían lo que Él hacía, sino que sus espíritus, unidos a Su Espíritu, empezaban a "sentir" como Él sentía y a absorber Su Espíritu. Literalmente se "vistieron" de Cristo, y sus vidas dieron el fruto de esa unión.

Las mentes y los corazones de los primeros Cristianos trabajaban juntos en armonía. Su fe no era prisionera de sus mentes, sino que se hacía fecunda al penetrar en toda la persona, de modo que tocaba todas las facetas de la vida.

La fe, los pensamientos y las acciones eran una sola cosa. Cuidaban los tres para que ningún conflicto se interpusiera entre ellos, tratando de no pensar una cosa y hacer otra. Con el Espíritu de Cristo en sus almas, debían actuar en consecuencia, pero no podían hacerlo hasta que sus pensamientos estuvieran bajo control y sus corazones fueran totalmente de Dios.

Ellos tenían que ver todo lo que les ocurría a través de los ojos de la fe. Cuando eran perseguidos y su razón les decía que volvieran a las viejas costumbres, la Fe les decía que bailaran de alegría porque su recompensa era grande en el Cielo.

Bendecían a sus enemigos y rezaban por ellos como remedio para curar el cáncer del resentimiento y nunca le permitían entrar en sus mentes. Jesús les dio este secreto para la paz, y ellos siguieron sus pasos.

Cuando el hogar, los amigos y las tierras se perdieron por causa del Reino, ellos pensaron en que Jesús dejaba el Cielo y vivía en la tierra sin un lugar donde descansar Su cabeza. Entrando en ese espíritu de sacrificio, lo dejaron todo por el bien de Jesús.

La vida de un Cristiano era a menudo dolorosa, pero nunca carecía de desafíos, frutos u oportunidades. Tropezaron y cayeron muchas veces, pero simplemente utilizaron estas ocasiones como lugares de parada en el viaje de la vida, lugares para hacer un balance de sí mismos, reponer sus fuerzas mediante el arrepentimiento y la oración, y seguir adelante con mayor seriedad.

El Espíritu de Jesús era un poder dentro de ellos que les daba la oportunidad de elegir en cada ocasión entre ser débiles o fuertes, buenos o malos, santos o pecadores, un hijo del mundo o un hijo de Dios. Era una elección personal, pero el poder de realizar lo mejor estaría siempre presente.

Si se ensimismaran tanto en la situación o en sí mismos, serían presa de la debilidad, el pecado y las imperfecciones. No podían dar fruto solos. Pero cuando pensaban como Jesús, y tomaban Su Espíritu, daban el fruto de Jesús y actuaban como un hijo de Dios, no como un hijo del mundo.

Era difícil, porque la naturaleza humana se deleita en el orgullo y retrocede ante la humildad, busca la independencia y rechaza la obediencia, desea el lujo y desprecia la pobreza, codicia el placer y se rebela ante la penitencia o el sacrificio. No era posible realizar tales cambios por sí solo. Sólo la gracia de Dios podía hacer de los simples hombres hijos de Dios y capaces de una virtud heroica. Tenían que elegir a menudo y cada día entre actuar como hombres o como hijos.

Una cosa que aprendieron fue que debían controlar sus pensamientos. Jesús les dijo que perdonaran a sus enemigos y que hicieran el bien a los que los maldijeran. Pronto se dieron cuenta de que era por su propio bien que Él les decía esto. Se dieron cuenta de que cada vez que empezaban a odiar a un perseguidor, eso interfería en su unión con Dios. Sus mentes se llenaban de sentimientos de resentimiento y venganza. Ojo por ojo, diente por diente, pronto se convirtieron en vasos de odio, no de amor.

Se volvieron irritables y críticos y volvieron a sus "viejas costumbres". El hombre recién nacido pareció morir y marchitarse y se quedó solo, zarandeado por todas partes por las tentaciones y las dudas.

Sí, cuando Jesús les dijo que perdonaran y tuvieran compasión de los que les ofendían y rezaran por ellos, era para que sus propias almas no fueran tocadas por el odio de los demás. Debían compadecerse de los que no conocían a Jesús y rezar por ellos para que también pudieran nacer de nuevo o, al menos, tener la oportunidad de elegir entre Dios y el enemigo. Debían sacudirse el polvo de la disensión y el odio y dejar que la paz volviera a ellos (Mateo 10:14).

Pablo tuvo que recordarles a menudo la Voluntad del Señor para ellos. "En lo posible, y en cuanto de vosotros dependa, en paz con todos los hombres; no tomando la justicia por cuenta vuestra, queridos míos, dejad lugar a la Cólera, pues dice la Escritura: Mía es la venganza; yo daré el pago merecido, dice el Señor. Antes, al contrario; si tu enemigo tiene hambre; y si tiene sed, dale de beber; haciéndolo así, amontonarás ascuas sobre su cabeza, dale de comer" (Romanos 12:18-21). Al hacer esto, debían ganar a muchos que vivían en las tinieblas. El enemigo de Dios, que era príncipe de este mundo, perdería muchos seguidores por la vida virtuosa de estos Cristianos.

"Pongamos los ojos en Jesús", les decía Pablo una y otra vez (Hebreos 12:2) Todo lo que los Cristianos eran antes de su conversión, tenía que cambiar. Ya no podían ser rencorosos, engañosos, hipócritas, envidiosos o críticos con el prójimo (1 Pedro 2:1).

Debían ponerse de acuerdo entre ellos, ser comprensivos, amarse unos a otros, tener compasión y ser indulgentes (1 Pedro 3:8). La única manera de lograrlo era "Dado que Cristo padeció en Su carne, háganse fuertes con esta certeza: el que ha padecido en su carne ha roto con el pecado" (1 Pedro 4:1).

Sus mentes debían ser disciplinadas y entrenadas para pensar de una manera nueva, guiadas por un nuevo conjunto de principios y valores, y motivadas por un profundo amor a Jesús. Tenían que adquirir el "hábito" de pensar como Jesús

Pedro se dio cuenta de la importancia de renovar sus mentes cuando dijo: "Por eso siempre trataré de recordarles estas cosas, aunque las sepan y se mantengan firmes en la verdad que poseen... por eso procuro hacer todo lo necesario para que, después de mi partida, recuerden constantemente estas cosas" (Pedro 1:12-15).

Él rezó para que la "estrella de la mañana" surgiera en sus mentes, de modo que sus vidas reflejaran la Luz captada y el mundo entero viera su bondad, comprensión, paciencia, amabilidad, autocontrol, verdadera devoción y amor (2 Pedro 1:3-11).

El cristianismo era muy diferente a cualquier religión de su tiempo. Estaba formado por personas que adoraban, rezaban y compartían juntos. La religión o las sectas religiosas que eran tan numerosas sólo se preocupaban por el individuo y el Absoluto. Temer y apaciguar era la esencia de su culto a los ídolos. Su relación nunca fue de corazón y nunca se acercó al prójimo con amor.

Los Cristianos aceptaron la verdad invisible y la llamaron Fe. Vivieron de acuerdo con estas verdades y la llamaron Esperanza. Permitieron que estas verdades los cambiaran a ellos y a sus vidas y le) llamaron Amor. La persona total se acercaba a Dios en el amor y luego se extendía al mundo en el amor. Esa era la cruz del Cristiano: una relación vertical con Dios tan poderosa que se difundía en todas las direcciones. Esta era la cruz que debían llevar.

Esta es la Cruz que llevó Jesús: Su amor por Su Padre y por los hombres le hizo que se despojara de Sí Mismo hasta el punto de que "no consideraba indebida la igualdad con Dios, sin embargo, se redujo a nada" (Filipenses 2:6). Se despojó de Sí Mismo para ser obediente a Su Padre. Con esa obediencia reparó el pecado de Adán y Eva. Él abrió las puertas del Cielo y mereció la Adopción Divina para todos nosotros.

Su humildad confundió el orgullo del enemigo y nos mostró el camino del Cielo. Detrás de Su obediencia y humildad había un gran amor: amor al Padre y amor a los hombres.

Lleno de amor, bajó y tomó sobre Sí Mismo nuestra naturaleza y luego envió Su Espíritu para llenarnos de una participación Divina en esa naturaleza.

Los primeros Cristianos se dieron cuenta de esta verdad y correspondieron amando a Jesús y al prójimo con el amor del Espíritu que habitaba en ellos. Su único deseo era dar gloria al Padre como lo hizo Jesús y lo harían de la misma manera: con obediencia, humildad y amor.

Llenarían sus mentes con la Palabra de Dios, su imaginación con la vida de Jesús, su entendimiento con la Fe y su voluntad con el amor.

El cristianismo era, ante todo, Alguien, y ese hecho exigía un asentimiento intelectual a la verdad y una entrega total del corazón a Jesús. Era una Fe que se elevaba al Cielo y tocaba a Dios y un profundo y ardiente Amor que se extendía y tocaba a cada prójimo.

Era una vida de elecciones y decisiones—algunas correctas y otras erróneas—pero cada una de ellas construía alguna parte del alma y la convertía en una nueva creación.

Los primeros Cristianos creían y amaban, y hacían ambas cosas con alegría y libertad. Veían a Jesús en todos y eran Jesús para todos.

Imitarían totalmente a Cristo haciendo todo para la Gloria del Padre y viendo todo a la luz de la Eternidad y no del tiempo.

Sobre todo, manifestarían el Espíritu que vivía en ellos: el Espíritu del Amor.

Oración del Corazón

Los primeros Cristianos pronto se dieron cuenta de que si querían perseverar en la nueva vida que habían sido elegidos para vivir, tenían que amar y amar intensamente. Fue este elemento de amor el que hizo que el Cristianismo fuera tan diferente de cualquier otra religión.

El hombre es un ser de emociones y vivir sólo en la Fe y la Esperanza sería vivir en un desierto con luz y aire, pero sin calor. El hombre necesita un estímulo y un impulso que le haga salir de las tinieblas hacia la luz o, mejor aún, que irradie luz en medio de las tinieblas.

La vida era difícil en el mejor de los casos. Aunque el Cristianismo les daba paz interior, creaba estragos a su alrededor. Hizo que algunos hombres examinaran sus conciencias y los mostró como lo que realmente eran: falsos y tiranos. Se necesita un gran hombre para verse a sí mismo y cambiar, pero el mundo a veces estaba gobernado por hombres pequeños que se rebelaban al verse a sí mismos. Golpearon a estos Cristianos con una furia que sólo el odio podía producir.

Estos Cristianos debían mantenerse por encima de toda situación que tendiera a arrastrar sus almas y a hacer que quisieran tomar represalias ante la ira y el odio.

Tenían que alimentar y mantener en su interior una fuente inagotable de amor. Tenían que alimentar sus almas con agua vivificante.

Jesús había enviado al Abogado para que habitara en sus almas, y ellos estaban decididos a que nada interfiriera en esa unión. Cada momento de sus vidas tenía que ser utilizado para crecer en la Imagen de Jesús.

La fe les dio una creencia, y la Esperanza una meta, pero para mantener ambas vivas y activas necesitaban Amar.

La Fe asentó las dudas en sus intelectos, y la Esperanza calmó sus emociones, pero necesitaban que el Amor les diera la resistencia para perseverar.

La Fe les dijo en qué creían, y la Esperanza les dijo por qué, pero fue el Amor el que les dijo en Quién creían.

La Fe les dio algo, y la Esperanza les dio algún lugar, pero el Amor les dio a Alguien.

En la jornada de la vida, la Fe era el barco, la Esperanza el ancla y el Amor el timón.

Tenían que mantener un amor cada vez mayor por Dios y por el prójimo, y buscaban a Jesús para que les dijera cómo hacerlo. Un día, Jesús dijo a Sus Apóstoles: "Si alguno Me ama, guardará mis palabras, y Mi Padre lo amará. Entonces vendremos a él y haremos morada en él" (Juan 14:23).

El secreto era entonces guardar Su palabra y la Trinidad viviría en ellos. El Espíritu les hizo hijos de Dios en el Bautismo; un sello indeleble fue colocado sobre ellos–un sello que nunca se borrará en el tiempo o la eternidad. Al igual que los hijos de los hombres, ellos tenían que crecer y madurar en su nueva vida y esa vida era alimentada por Dios mismo.

"Y la palabra que escucháis no es Mia" dijo Jesús, "...sino del Padre que Me ha enviado" (Juan 14:24). ¿Era la "Palabra" algo que escuchaban, o era Alguien a quien amaban?

De alguna manera, sabían que las palabras que pasaban por sus mentes y las emociones de sus corazones eran inseparables. Se dieron cuenta, al leer las Escrituras, de que los Escritores Sagrados utilizaban a menudo la palabra "mente" y "corazón" como si fueran lo mismo.

El mismo Jesús les dijo que "los pensamientos malos salen de dentro, del corazón... Ninguna cosa que de fuera entra en la persona puede hacerla impura; lo que hace impura a una persona es lo que sale de ella. Todas estas maldades salen de dentro y hacen impura a la persona" (Marcos 7:21, 15 y 23).

Uno pensaría eventualmente que el robo, el asesinato, la avaricia, el adulterio, la envidia y el orgullo, se originan en la mente que razona, planea y determina las metas, pero Jesús dice que todo viene del corazón.

Cuando hablamos del corazón, pensamos en el amor, y allí donde hay amor existe la posibilidad del odio. Es lo que amamos u odiamos lo que determina nuestro curso en la vida, y el grado en que amemos u odiemos determinará nuestro éxito o fracaso.

Un día, Jesús le dijo a un paralítico: "¡Animo, hijo; tus pecados te son perdonados" (Mateo 9:2)! Los Escribas se indignaron porque Jesús perdonaba los pecados. Sólo Dios podía perdonar los pecados y lo único que pensaban era que Jesús estaba blasfemando. La Escritura nos ofrece entonces uno de esos casos en los que mente y corazón son sinónimos: "Jesús, conociendo sus pensamientos, dijo: ¿Por qué pensáis mal en vuestros corazones?" (Mateo 9:4).

Jesús sabía lo que pensaban y, sin embargo, hablaba de esas palabras invisibles e inaudibles como si salieran del corazón.

"Sucede a todo el que oye la Palabra del Reino y no la comprende, que viene el Maligno y arrebata lo sembrado en su corazón..." (Mateo 13:19).

También aquí Jesús habla del corazón como fuente del conocimiento, y sin embargo todos nos damos cuenta de que es la mente, operando a través del cerebro, la que retiene el conocimiento, razona y realiza.

Muchos científicos declaran que un ser humano está legalmente muerto cuando su cerebro deja de funcionar, y otros sostienen que está muerto cuando su corazón se detiene. Es un problema que será difícil de resolver tanto en el ámbito físico como en el espiritual. Sin embargo, en las Escrituras, Jesús une ambas cosas muy a menudo y parece indicar que, al igual que el corazón bombea sangre al cerebro para mantenerlo en funcionamiento en el ámbito físico, las tres facultades del alma, que operan a través de la mente, también se ven influidas.

El corazón, símbolo del amor y sede de las emociones, se extiende como una luz que brilla en el mundo, indicando el poder de nuestra voluntad y la dirección que hemos elegido tomar.

No importa cuántas veces recordemos Sus Palabras, o cuán profundamente creamos en ellas, si esas palabras no afectan a nuestro corazón y mueven ese corazón a amar y darlo todo a Jesús, no es nada. San Pablo se dio cuenta de esto cuando dijo a los Corintios que, si tenía todo el conocimiento, daba todo lo que poseía a los pobres, entregaba su cuerpo para ser quemado, y tenía la fe que movía montañas, sin amor, sería como nada (1 Corintios 13:1-3).

Pablo no hablaba de un amor emocional, un amor que se avivaba hasta convertirse en una llamarada furiosa y luego se convertía rápidamente en cenizas. No, hablaba de un amor profundo del corazón, de una convicción interior, de una consagración total, de un impulso que prefería la muerte a la negación.

El corazón del Cristiano era un corazón de carne, penetrado por el Espíritu del Señor. Era un corazón siempre consciente de ser un "hogar" en el que el Espíritu del Señor reinaba y amaba.

Los discípulos que iban a Emaús tuvieron esta experiencia cuando Jesús comenzó a caminar junto a ellos. Después de reconocerlo al partir el pan, se dijeron: "¿No sentíamos arder nuestro corazón cuando nos hablaba en el camino y nos explicaba las Escrituras?" (Lucas 24:32).

Amar a Jesús era una experiencia del corazón tanto como una aceptación intelectual de Él como Señor y Salvador. Esto es lo que dio vida y alegría a estos conversos. Se convirtieron en amantes de Dios e hijos fieles, además de súbditos obedientes.

Lo amaron y Él los amó. Ellos habitaron en Él como Él habitó en ellos a través del poder del Espíritu Santo.

Jesús les había asegurado que "El hombre bueno, del buen tesoro del corazón saca lo bueno, y el malo, del malo saca lo malo. Porque de lo que rebosa el corazón habla su boca" (Lucas 6:45). Debían estar atentos y no permitir que entrara nada en la puerta de sus almas que pudiera destruir o estropear su belleza. "Guárdense", les dijo, "de que no se hagan pesados sus corazones por el libertinaje, por la embriaguez y por las preocupaciones de la vida, y venga aquel Día de improviso sobre ustedes" (Lucas 21:34).

Jesús pone los "afanes de la vida" en la misma categoría que el libertinaje y la embriaguez. Las tres debilidades ocupan la mente y el corazón. La mente es poseída por ellas, el corazón se deleita en ellas, y Jesús y el Reino son dejados de lado como algo no relevante para el momento.

Los primeros Cristianos nunca olvidaron la afirmación que un día hizo Jesús cuando dijo: "Amontonaos más bien tesoros en el Cielo, donde no hay polilla ni herrumbre que corroan, ni ladrones que socaven y roben. Porque donde esté tu tesoro, allí estará también tu corazón" (Mateo 6:20-21).

Por lo tanto, era de primordial importancia que analizaran sus prioridades para asegurarse de que lo único necesario, el Reino, fuera lo primero y lo más importante. El objetivo de los primeros Cristianos era modelar sus vidas según la vida de Jesús. Eran hijos de Dios por la gracia, y se aseguraron de que el pecado no les arrebatara ese tesoro. Sin embargo, sus vidas como Cristianos eran más positivas que negativas. No sólo salvaguardaban su tesoro, sino que lo aumentaban cada día aprovechando cada oportunidad para crecer a la semejanza de Jesús. Dedicaron toda su vida a enderezar sus corazones y a cambiarlos para que se parecieran a Jesús.

"Carguen con Mi yugo y aprendan de Mí, que soy paciente y humilde de corazón, y sus almas encontrarán descanso" (Mateo 11:29-30). El Padre había dado a cada uno de ellos el yugo de obedecer los Mandamientos, y especialmente el nuevo: amar al prójimo como Él los amaba. Jesús tomó ese yugo sobre Sí Mismo cuando se hizo hombre, y lo acarreó siendo manso y humilde de corazón.

Los primeros Cristianos debían aprender a conservar el tesoro de sus corazones haciendo lo que Jesús hacía siempre y en todo lugar. La constatación de la existencia del Cielo les separó del mundo. Las palabras de Jesús les daban algo a lo cual aferrarse cuando la marcha era difícil, pero necesitaban un corazón unido al mismo corazón de Dios para perseverar en mantener y aumentar su tesoro en el Cielo.

El Corazón de Jesús dio a las almas de estos Cristianos paz y descanso. Los Apóstoles les contaban a menudo cómo, cuando Jesús se les apareció después de la Resurrección, les dijo: "¡La paz sea con ustedes! (Mateo 24:36) ¿Por qué están tan agitados y por qué surgen estas dudas en sus corazones?" (Lucas 24:39).

Al igual que los Apóstoles antes que ellos, los primeros Cristianos tuvieron que luchar muchas veces contra la duda y el miedo, pero unirían sus corazones al de Él. Amarían como Él amaba y tendrían la misma meta y determinación que Él.

Él vino como Luz, y ellos serían la radiación de esa Luz. Él mostró a la humanidad el Amor del Padre, y ellos serían un ejemplo de ese Amor. Él fue desprendido y nunca perdió de vista a Su Padre, y ellos serían desprendidos y nunca perderían de vista a Él. Así como Jesús manifestó al Padre, ellos manifestarían a Jesús.

Jesús dijo que sólo hacía lo que veía hacer al Padre. Los primeros Cristianos se esforzaron con todas sus fuerzas por hacer lo que hacía Jesús. "La prueba", les dijo Pablo, "que ustedes ahora son hijos, es que Dios ha mandado a nuestros corazones el Espíritu de Su propio Hijo que clama al Padre: ¡Abbá!, ¡Padre!" (Gálatas 4:6).

Debían ser pacientes y perseverar en ser como Jesús. Debían ser "estén alegres y tengan buen trato con todos y les guardará sus corazones y sus pensamientos en Cristo Jesús" (Filipenses 4:4, 7). "Estad siempre alegres en el Señor; os lo repito, estad alegres... Y la paz de Dios, que supera todo conocimiento, custodiará vuestros corazones y vuestros pensamientos en Cristo Jesús". Sus corazones debían pertenecer a Jesús; Él era su primer amor; Él era el centro de sus días, sus vidas, sus trabajos, sus metas. Él era realmente el corazón de sus corazones, y salvaguardaban este tesoro con determinación y celo.

Guardaron Sus palabras en sus mentes y Su Amor en sus corazones, y juntos cambiaron sus vidas, para "que Cristo habite en sus corazones por la fe, que estén arraigados y edificados en el amor, y que conozcan este amor de Cristo que supera todo conocimiento, en fin, que queden colmados hasta recibir toda la plenitud de Dios" (Efesios 3:16-20).

Sus vidas fueron testigos vivos del amor de Jesús. San Pablo les dijo: "Evidentemente sois una carta de Cristo, redactada por ministerio nuestro, escrita no con tinta, sino con el Espíritu de Dios vivo: no en tablas de piedra, sino en tablas de carne, en los corazones" (2 Corintios 3:3).

Oración de Angustia

Los primeros Cristianos experimentaron momentos de éxtasis, horas de felicidad, una alegría perpetua y una profunda angustia de corazón. La vida para ellos cambió, pero el cambio para mejor fue interior. Aunque su interior era más importante, su vida en el mundo clamaba por atención y a menudo les causaba un gran dolor.

Siempre es doloroso cambiar algo, y quizás el mayor dolor de todos es la soledad del cambio. Este fue el primer dolor profundo que experimentaron los Cristianos. De repente, ellos se encontraban solos en el mundo como extraños. Todo y todos eran diferentes y muchas veces opuestos a su forma de pensar y vivir.

Poco tiempo atrás, ellos se sentían cómodos en el mundo, pero cuando Jesús entró en sus corazones fueron apartados de ese mundo y se convirtieron en extranjeros en una tierra de exilio.

Muchas veces tuvieron que recordar las palabras de Jesús: "Si el mundo los odia, sepan que antes me odió a Mí... Porque Yo al elegiros, os he sacado del mundo..." "...No te pido que los saques del mundo, sino que los defiendas del Maligno" Juan 15:18-19 y Juan 17:15). Los Cristianos tenían algo glorioso en su interior, algo de lo que hablaban, compartían y por lo que luchaban, pero no podían dárselo a nadie. Era un don, y ese don de la Fe se extendía por su manifestación en sus vidas.

Fue una gran prueba para ellos darse cuenta de que, el propio amor en sus corazones, creaba una separación de los antiguos amigos y dividía al padre del hijo y a la hija de la madre. Miraron a Jesús y se dieron cuenta de que también Su vida era un signo de contradicción. Simplemente su Presencia en la multitud los dividió inmediatamente en dos grupos, los que Lo amaban y los que Lo odiaban.

Al igual que Jesús, ellos rezaron por sus perseguidores, pero sus oraciones estaban mezcladas con lágrimas y dolor. Mientras sus labios se movían implorando misericordia, sus corazones ardían de amor por Jesús. Se dieron cuenta, con Pablo, de que nada podía interponerse entre ellos y Cristo, aunque estuvieran preocupados o atribulados, perseguidos o les faltara comida y ropa. Se veían amenazados y atacados, pero Dios lo convertiría todo para su bien porque Le amaban (Romanos 8:31-39).

Cuando Jesús le dijo a Ananías que Él le mostraría a Pablo cuánto iba a sufrir por Su Nombre, Pablo no tenía idea de lo que Jesús quería decir. Años más tarde se dio cuenta de que su mayor prueba fue el alejamiento de sus seres queridos. "Me parece", dijo Pablo a los Corintios, "que a nosotros, los apóstoles, Dios nos ha colocado en el último lugar..." somos un espectáculo divertido para el mundo, para los ángeles y para los hombres..." "...nosotros despreciados. Hasta el presente pasamos hambre, sed, frío; desnudez; somos abofeteados, y andamos errantes. "...Si nos insultan, bendecimos. Si nos persiguen y lo soportamos todo. Si nos calumnian y confortamos a los demás, respondemos con bondad). Hemos venido a ser, hasta ahora, como la basura del mundo, y el desecho de todos" (1 Corintios 4:9-13).

Pablo era odiado por sus hermanos, los judíos; estaba bajo la sospecha de los gentiles, y tuvo durante un tiempo, una enfermedad repugnante que repugnaba a todos los que lo veían Gálatas 4:14). Todos los Cristianos fueron acosados como criminales y buscados como traidores, pero la angustia en sus corazones, severa y aplastante, se convirtió en una oración.

Estaban sufriendo por causa de Su Nombre, y clamaban a Él y dependían sólo de Él para tener fuerza y valor. El miedo, a menudo, se apoderaba de sus almas hasta el punto de suplicar la liberación, pero mantenían sus ojos en Jesús.

Jesús les había advertido que esta vida de exilio no sería fácil, y por eso veían todo como una oportunidad para elevar sus almas a Dios en una oración sincera. Para ellos, todas sus vidas fue como una jornada.

La oración consistía en elevar la mente y el corazón a Dios, y a medida que aquellos angustiosos días se convertían en semanas y luego en años, se hacían más fuertes y más serenos. Su confianza estaba en Jesús, y no tenían ideas preconcebidas sobre cómo Él planificaría y dispondría de sus vidas.

Estos Cristianos nunca separaron a Dios de la vida cotidiana. Él era la causa de sus angustias; Él era su consuelo en el dolor; Él era el amor de sus vidas, y le ofrecían su angustia, así como su alegría, como un sacrificio agradable.

Cuando sus almas estaban temerosas, unieron ese miedo al suyo en el Huerto de la Agonía. Cuando sus perseguidores les obligaron a abandonar su hogar y su tierra, sólo vieron la oportunidad de difundir la Buena Nueva en lugares lejanos.

Escucharon la Voz del Espíritu mientras Él guiaba sus vidas hacia una conclusión fructífera.

Se dieron cuenta de que el camino entre la búsqueda de Jesús y la llegada al Hogar era largo y arduo, pero Su Espíritu oraba en ellos cuando no sabían qué decir; los guiaba cuando no sabían qué dirección tomar, y amaba en ellos cuando sus corazones estaban fríos y angustiados. Todo formaba parte de un plan eterno que ellos vivían momento a momento y aprovechaban al máximo.

Se entregaron por completo al Espíritu Santo, y Pablo expresó el sentir de todos los Cristianos cuando dijo: "Ahora voy a Jerusalén, atado por el Espíritu, sin saber lo que allí me sucederá; 23 solamente que en cada ciudad el Espíritu Santo me advierte que me esperan prisiones y pruebas" (Hechos 20:22-23).

Pablo se había entregado a Dios de una manera tan completa que era como un prisionero de Su Espíritu, siempre obediente a Su Voluntad, siempre dispuesto a sufrir o morir por causa de Jesús. Pablo veía cada vez más odio hacia él y su causa en una ciudad tras otra, y se dio cuenta de que su tiempo para predicar la Buena Nueva era corto.

Las incertidumbres que trajeron angustia a los corazones de estos Cristianos también trajeron consigo Esperanza y Alegría.

Tenían una causa, una meta, un Héroe, y la angustia de espíritu era parte del precio a pagar. No se amargaron con su suerte, pues sabían que poseerían sus almas en la paciencia.

Estos Cristianos no sólo sufrieron el alejamiento de los amigos, la persecución y la pérdida de su hogar y su tierra, sino que algunos de ellos también padecieron enfermedades corporales y desolación. No hay nada más difícil que el dolor en el interior de uno mismo, ya sea un dolor físico, espiritual o mental. El hombre puede soportar grandes pruebas siempre y cuando esas pruebas se originen fuera de sí mismo.

Por muy fuerte que sea la batalla que libramos, mientras nuestra salud y nuestra esperanza se conserven intactas, podremos resistir los embates. En el Antiguo Testamento, Job soportó todas las calamidades que Satanás le infligió con paciencia, entereza y resignación, pero cuando su cuerpo y su alma se atormentaron de dolor, maldijo el día en que nació (Job 3:1).

Los primeros Cristianos eran soldados del ejército de Cristo y no eran una excepción a los males del resto de la sociedad. El Maestro había llenado sus almas con la gracia santificante, los había hecho herederos del Reino y había puesto el sello de Su Espíritu en sus frentes en el Bautismo, pero no los eximió de las consecuencias del pecado original.

Sus vidas en la tierra siguieron estando llenas de trabajo y sudor, pero fueron cambiadas por el poder de Su Espíritu a través de la aceptación alegre de su suerte, una esperanza de algo mejor por venir, y un sentido de propósito que ningún sufrimiento podría disuadir.

La sociedad decadente en la que vivían hacía que las enfermedades y las dolencias estuvieran a flor de piel. El Señor Jesús había dado poder a Sus Apóstoles para curar estas enfermedades, y así lo hicieron, pero la mayor parte del día de los Apóstoles se dedicaba a la predicación de la Palabra y a la Oración.

Cuando surgió una disputa sobre la distribución de alimentos, los Apóstoles eligieron a siete hombres, a los que llamaron "diáconos", para que cumplieran este ministerio. Lo hicieron para que pudieran "dedicarse a la Oración y al servicio de la Palabra" (Hechos 6:4).

Fueron tantos los milagros y las curaciones realizadas por los Apóstoles que los "enfermos eran sacados a la calle y acostados en camas y colchonetas, con la esperanza de que al menos la sombra de Pedro se posara sobre algunos de ellos al pasar" (Hechos 5:15).

Es extraño, pues, que un hombre así hablara a sus conversos de los beneficios de la enfermedad. Les dijo a los Cristianos que "el que ha padecido en su carne ha roto con el pecado. Por ello, entreguen lo que les queda de esta vida, no ya a las pasiones humanas, sino a la Voluntad de Dios" (1 Pedro 4:1-2).

Continuó explicando que en el pasado muchos de ellos se entregaban a sus pasiones, bebiendo en fiestas salvajes y comportándose de forma indecente. Es ciertamente lógico ver que quien está físicamente enfermo se ve impedido de entregarse a sus debilidades. Esto no indica que todos los que están físicamente enfermos lo estén como precaución contra el pecado, pero sí manifiesta uno de los muchos beneficios de poda de la enfermedad cuando Dios la permite en nuestras vidas.

Nuestro querido Señor mismo hizo una extraña declaración un día que Sus Apóstoles le preguntaron sobre la causa de que un hombre naciera ciego. "Maestro, ¿quién ha pecado para que esté ciego: él o sus padres?" Jesús respondió: "No es por haber pecado él o sus padres, sino para que unas obras de Dios se hagan en él" (Juan 9:1-3).

Pensar que el Padre creó deliberadamente a este hombre sin la facultad de ver sólo para que Jesús pudiera curarlo es atribuir a Dios un acto monstruoso. Hubo y siempre habrá defectos y enfermedades físicas en el mundo, causadas por discrepancias naturales que proporcionarían suficientes "señales" para aumentar la fe de su pueblo cuando Jesús los curara.

El Padre no creó ni quiso crear a nadie deliberadamente defectuoso para dar a Su Hijo esta oportunidad de curar. Las consecuencias del pecado original y las debilidades del cuerpo humano proporcionaron más que suficientes personas para ser curadas. ¿Qué quiso decir entonces Jesús?

El propio ciego no le había pedido a Jesús que lo sanara. Probablemente ni siquiera había oído hablar de Jesús. Sólo después de que el hombre fuera curado e interrogado por los fariseos, llegó a creer que Jesús era el Hijo de Dios. Este hombre no tenía fe en Jesús como Señor antes de su curación. La Escritura no nos da ninguna evidencia de que él deseara ser curado.

Por alguna deficiencia genética, este hombre nació sin globos oculares y aceptó su suerte con humildad y paciencia. Esta aceptación es una "obra" de Dios, pues sólo Dios puede darnos la gracia de aceptar la cruz con paciencia. Nuestra naturaleza humana se rebela contra la cruz, sobre todo cuando esa cruz es física o supone privarnos de alguna facultad tan necesaria para la vida cotidiana.

Fue esta humilde y alegre aceptación del dolor, el sufrimiento, las pruebas y la persecución lo que hizo que los paganos miraran con asombro a estos seguidores de Jesús.

Jesús nos dio dos importantes lecciones en esta narración. En primer lugar, es una "obra" de Dios aceptar cualquier cruz en la vida con paciencia y amor, ya sea que esa cruz nos sea impuesta por la naturaleza, como en los impedimentos físicos, o la persecución resultante de la malicia de los hombres. En segundo lugar, manifestó su divinidad. El libro del Génesis nos dice que Dios hizo al hombre del limo de la tierra. Jesús "escupió en el suelo, hizo una pasta con la saliva, la puso sobre los ojos del ciego y le dijo que fuera a lavarse a la piscina de Siloé". Jesús utilizó el mismo material para crear los ojos del hombre que el Padre utilizó para crear a Adán. Los párpados nunca se habían abierto porque no tenía ojos (Juan 9:1-12).

Este milagro fue tan asombroso que el antiguo ciego fue llevado ante los fariseos para ser interrogado. Fue el único ciego curado por Jesús que fue interrogado por las autoridades. Incluso sus padres fueron interrogados, pero todo lo que sabían era que su hijo había nacido ciego, con los ojos cerrados, y ahora tenía ojos que podían ver.

Por su insistencia en que Jesús le diera ojos para ver en sábado, el hombre fue excomulgado de la sinagoga. Jesús se enteró y fue a buscarlo. Sólo cuando Jesús le preguntó si creía en el "Hijo del Hombre", creyó y se arrodilló para adorarle.

Estos primeros Cristianos no estaban exentos de las enfermedades y el dolor físico que tanto caracteriza a este mundo. Se dieron cuenta de que, como el ciego, había un tiempo para la curación y un tiempo para el dolor, y ambos daban gloria a Dios. Ambos aumentaron su gloria en el Reino.

Hubo momentos en los que se vieron obligados a dejarlo todo y huir a otras ciudades para escapar de la muerte y la persecución. Fue especialmente en esos momentos cuando sufrieron hambre, sed, exposición a los elementos y agua contaminada. Aunque Dios les protegía de muchas desgracias, no eran inmunes a todos los males. Eran hijos de Dios y, al igual que su Líder, Jesús, debían mostrar al mundo cómo vivir sin desánimo ni desesperación en medio de estos males.

Debían usar medios comunes y prácticos para preservar su salud, rezar por la continuación de esa salud, y luego seguir su camino en paz, sabiendo que su Padre sabía lo que era para su bien. Confiaban en Él. Fue Timoteo quien nos mostró cómo debían ver estos Cristianos la enfermedad, pues San Pablo le dio algunos consejos prácticos en sus necesidades.

Al darse cuenta de que el agua para beber estaba a menudo contaminada con aguas residuales, Pablo le dijo: “Debes dejar de beber sólo agua, y tomar un poco de vino por el bien de tu digestión y de los frecuentes ataques de enfermedad que tienes" (1 Timoteo 5:23).

Obviamente, Timoteo estaba familiarizado con el sufrimiento físico, y el hombre que sanó a muchos y resucitó a un joven de entre los muertos, se limitó a darle algunos consejos caseros para que soportara todo con paciencia.

El propio Pablo menciona sus propias debilidades y una repugnante enfermedad, ninguna de las cuales le fue arrebatada, según informan las Escrituras. Cuando sí imploró al Señor que le librara de "enfermedades, humillaciones, necesidades, persecuciones y angustias" que sufrió por causa de Jesús, el Señor le respondió que su "mayor fuerza se manifiesta en la debilidad" (2 Corintios 12:7-10).

Esta fue una de las lecciones más importantes que aprendieron los primeros Cristianos. La debilidad, la enfermedad, la frustración, la tensión y la ansiedad ya no eran enemigos de sus almas; ahora se utilizaban para mostrar el poder de Dios en sus vidas. Jesús no los libraría de las pruebas; les daría poder interior para superar esas pruebas, estar alegres en medio de ellas y convertirlas en mérito para el Reino que viene. Estas frustraciones se convertirían en joyas preciosas en el Cielo.

Tenían el poder de Su Espíritu dentro de ellos, y nunca tuvieron que temer las vicisitudes de la vida.

Cuando se escondían en las catacumbas para partir el pan y rendir culto, lo hacían con un sentido de finalidad. Cada noche, nuevos conversos se unían a sus filas mientras otros eran hechos prisioneros o martirizados.

Algunos de ellos partieron a otros lugares y predicaron la Buena Nueva por todas partes. Cuanto más se les perseguía, mayor era el número de personas que se unían a sus filas y más amor brotaba de ellos. Su forma de vida y su amor se alimentaban del sacrificio y la persecución.

Eran hijos de Dios y no eran esclavos de nadie. Eran libres, y aunque la ansiedad formaba parte de su vida cotidiana, ya no era una carga, sino una prueba de su valor, de su seguridad y de su confianza en Jesús. Aprendieron a enfrentarse a cualquier situación y a convertir la oscuridad en luz, y la ansiedad en serenidad.

Pablo les dio valor y luz cuando les dijo: "Sé cómo ser pobre y sé cómo ser rico. He pasado por mi iniciación y ahora estoy preparado para cualquier cosa: con el estómago lleno o vacío, con la pobreza o la abundancia. No hay nada que no pueda dominar con la ayuda de Aquel que me da fuerza" (Filipenses 4:11-12).

Sí, las pruebas, la enfermedad y la persecución fueron su iniciación, y se esforzaron por superar la prueba con amor, alegría, paz y confianza. Para el mundo, la ansiedad era una frustración; para los primeros Cristianos, era una exaltación.

La vida de San Pablo parecía estar envuelta en la angustia. Comenzó su carrera como perseguidor decidido y malencarado hasta que el último Cristiano estuvo en la cárcel o fue asesinado. Su conversión se tradujo en días de angustia al darse cuenta de que su celo estaba equivocado y que Jesús era verdaderamente Dios y Señor.

Durante diecisiete años rezó y estudió su nueva fe y luego se encontró con que seguía siendo temido y estaba bajo sospecha. Dondequiera que viajara, tenía que temer por su vida. Sus enemigos entre los suyos eran numerosos, y a menudo le seguían para desacreditar todo lo que decía.

Su Apostolado fue constantemente cuestionado por los compañeros Cristianos y tuvo que defender su derecho a ese título diciéndoles que era un verdadero apóstol porque había visto al Señor y exhibido el poder de Su Espíritu con hechos poderosos.

No sólo por sus obras tuvo que demostrar que era un apóstol, sino por su sufrimiento por la fe. Tuvo que trabajar más, estuvo en la cárcel, fue azotado, golpeado y naufragó más veces que cualquier otro (2 Corintios 11:22-29).

Estaba en constante peligro en todas partes y de todo, incluyendo "los ríos y el mar abierto". Sobre todo, su "ansiedad por todas las iglesias" y su temor al error en sus filas le obligaron a advertir a los Cristianos una y otra vez. "Estad en guardia", les dijo. "Sé muy bien que, cuando me haya ido, los invadirán lobos feroces que no tendrán piedad del rebaño" (Hechos 20:28-29).

También Pedro tuvo sus momentos de angustia. Su terrible caída le hizo desconfiar de sus propias fuerzas y le obligó a depender totalmente del Señor Jesús.

Este hombre arrepentido y compasivo con su prójimo se vio obligado un día a dar ejemplo a dos personas que intentaron engañar a la recién formada comunidad cristiana. Ananías y Safira fueron golpeados por mentir al Espíritu Santo cuando Pedro cuestionó la venta de sus propiedades (Hechos 5:1-11).

Tuvo que reprender a Simón por intentar comprar el poder. "Que tu plata se pierda para siempre, y tú con ella, por pensar que el dinero puede comprar lo que Dios ha dado de balde" (Hechos 8:20). Aunque Pedro hablaba bajo la influencia del Espíritu, estas ocasiones estaban llenas de tensión y angustia de corazón. Ver a los hombres egoístas en las cosas de Dios causa una angustia indecible en los corazones de los que se han entregado por completo a su servicio.

La ira de los fariseos y los numerosos Cristianos martirizados por los emperadores paganos, dieron a Pedro una gran preocupación y compasión por todos los que sufrían por el Nombre de Jesús.

Y un día Pedro tuvo una visión que le causaría muchas horas de angustia. Vio que el cielo se abría y que bajaba una gran sábana que contenía toda clase de animales posibles. Se le dijo que comiera y pronto se dio cuenta de que Dios estaba a punto de cambiar su estilo de vida.

En esta visión simbólica se le dijo a Pedro que los Apóstoles debían predicar y bautizar a los gentiles, pues Jesús vino a salvar a todos los hombres. El primer converso fue un centurión italiano llamado Cornelio y aunque a nosotros nos parezca poco importante no lo fue para un judío piadoso.

Pedro siempre sintió mucho las críticas, y después de la conversión de Cornelio recibió un diluvio de reprimendas de los Apóstoles y de los hermanos de Judea. Tuvo que explicar su visión y el poder del Espíritu manifestado en estos paganos para apaciguarlos.

Pedro y los demás apóstoles eran israelitas fieles y arraigados a la Ley. Amaban a Jesús y creían en su Palabra, pero Jesús no les había dicho qué hacer con los paganos. ¿Acaso no dijo Jesús mismo a una mujer cananea que había sido enviado a la Casa de Israel y que no estaba bien dar el pan de los niños a los perros? (Mateo 15:25-26).

La aceptación de su visión por parte de los hermanos fue temporal, y Pedro empezó a dudar cada vez más de su rumbo. Esta incertidumbre le causó muchas horas de angustia. Rezó y siguió relacionándose con los paganos y bautizándolos. Un día llegó el inevitable choque, en el que la Voluntad de Dios quedó clara y la oración de Pedro por la luz fue respondida.

Para resolver su dilema, Pedro empezó a transigir. Santiago y sus amigos comenzaron a enseñar que los paganos debían ser primero judíos antes de convertirse en Cristianos. Presionaron a Pedro, y éste sucumbió. "Comía con los hermanos de origen no judío; pero después de que llegaron éstos empezó a alejarse, y ya no se juntaba con ellos por temor al grupo judío" (Gálatas 2:11-12).

Pablo y Bernabé tuvieron una larga discusión con ellos. En ese momento Pablo dijo: "Cuando advertí que no andaban derecho según la verdad del Evangelio, le dije a Cefas delante de todos:

'Si tú, que has nacido judío, te has pasado del modo de vivir de los judíos al de los otros pueblos, ¿por qué ahora impones a esos pueblos el modo de vivir de los judíos?'" (Gálatas 2:14).

Es interesante en este punto observar la acción de los verdaderos Cristianos en una acalorada discusión. Todos ellos decidieron ir a Jerusalén y presentar el problema a un Consejo de Apóstoles y ancianos. Fue en dicha asamblea donde el Espíritu hablaría.

Estos hombres estaban lidiando con un problema que causaba a cada lado conflictivo angustia de corazón. Cada uno sentía que estaba haciendo la Voluntad de Dios y se adhería a su opinión. La diferencia entre ellos y nosotros es que ellos buscaron orientación, oraron y fueron objetivos en sus opiniones.

Aunque cada bando era fuerte en sus opiniones, escucharon y tuvieron la humildad de corazón para cambiar cuando se manifestó la Voluntad de Dios.

Los hombres de oración pueden tener dudas, pero nunca pierden la fe ni la confianza en la mano guiadora de Dios en sus vidas. Aunque eran hombres de gran discernimiento, las soluciones a sus problemas no siempre llegaban rápidamente como un rayo de luz. Recorrieron caminos ordinarios y tuvieron que esperar con paciencia y perseverancia a que Dios les mostrara el camino.

El temperamento vacilante de Pedro se había manifestado de nuevo, pero a diferencia del incidente en el Patio cuando negó a su Maestro, esta vez escuchó, esperó y rezó. Su debilidad seguía ahí, pero aprendió a sobrellevarla. Su corazón le había dicho que los gentiles no debían hacerse judíos, pero su mente había cedido al miedo. No tomó ninguna decisión definitiva hasta conocer la Voluntad de Dios.

Tras una larga discusión, Pedro se levantó y dijo a la comunidad reunida en Jerusalén que no tenían derecho a imponer la antigua ley a los paganos. Dios no hace acepción de personas. Envió Su Espíritu tanto a los paganos como a los judíos. El discurso de Pedro fue elocuente y estuvo tan lleno del Espíritu Santo que todos guardaron silencio.

Fue en este momento cuando se puso de manifiesto la verdadera condición de Cristianos de estos hombres. Santiago, el hombre que más se oponía a los argumentos de Pedro y Pablo, se levantó y dijo a todos los presentes que no era sólo hacer que un pagano siguiera las leyes mosaicas antes de convertirse en Cristiano.

El Espíritu trajo a la mente de Santiago un pasaje del profeta Amós en el que el Señor Dios decía que los paganos serían consagrados a su Nombre (Hechos 15:16-18).

Santiago dispuso entonces que se enviara una carta a los nuevos Cristianos en la que se les pedía simplemente que observaran algunas reglas dietéticas para alejarse de los sacrificios paganos.

La carta escrita a estos primeros Cristianos era corta, pero retrataba una calidad de alma y de fe desconocida hoy en día. Los hombres de mente fuerte tenían profundas diferencias de opinión sobre un tema explosivo, pero oraban a Dios y escuchaban Su Espíritu en los demás. Todos ellos sufrieron la ruptura que se produjo cuando sus desacuerdos se hicieron cada vez más evidentes. Su sinceridad y determinación para encontrar la Voluntad de Dios les hizo decir a los Cristianos: "Ha sido decidido por el Espíritu Santo y por nosotros mismos no cargaros con ninguna carga más allá de lo esencial" (Hechos 15:28).

La angustia del corazón no hizo que estos hombres perdieran de vista al Espíritu Santo. Lo encontraron en medio de las tribulaciones y las angustias, y al igual que Pablo pudieron decir: "Por eso acepto con gusto lo que me toca sufrir por Cristo: enfermedades, humillaciones, necesidades, persecuciones y angustias. Pues si me siento débil, entonces es cuando soy fuerte" (2 Corintios 12:10).

Oración de humildad

Los paganos que Pablo convirtió eran, en su mayoría, renegados inmorales, la escoria de la humanidad. Habían llegado a un nivel de depravación que sólo conocen los que han estado allí. No tenían ningún concepto de la vida después de la muerte ni de un Dios amoroso. La vida era una prueba de resistencia y un desafío para ver cuánto placer podían exprimir de cada momento miserable.

Este era el ambiente en Corinto cuando Pablo fue allí a predicar la Buena Nueva. Realizaba tantos milagros y maravillas que la gente se disputaba un pañuelo o un trozo de su delantal para que los enfermos pudieran ser tocados con su ropa y sanados (Hechos 19:11-12). Pablo les habló de Jesús, y vieron en él un poder y una fuerza que nunca habían visto.

Cuando se dieron cuenta de que Dios los amaba lo suficiente como para enviar a su propio Hijo para redimirlos y a Su Espíritu para hacerlos herederos, dejaron sus viejas costumbres y comenzaron a vivir santamente.

Experimentaron una gran alegría y paz, una paz que nunca soñaron que fuera posible. Estaban completamente atrapados en esta nueva experiencia y esta nueva forma de vida.

Pedro, un hombre de experiencia, trató de advertirles. "Sean sobrios", dijo, "y estén vigilantes, porque su enemigo, el diablo, ronda como león rugiente buscando a quién devorar" (1 Pedro 5:8). Pero muchos de ellos empezaron a relajar su vigilancia, y poco a poco, imperceptiblemente, empezaron a retroceder a sus antiguas costumbres.

Fueron atacados por todos lados. Algunos empezaron a dudar de la autenticidad de Pablo como apóstol; otros volvieron a llevar una vida inmoral. Las falsas doctrinas comenzaron a extenderse, y la discusión sobre la ley de Moisés casi partió en dos a la comunidad cristiana.

Se les consideraba "nadie" en el mundo, y el miedo constante a la muerte hizo que algunos de los Cristianos vacilaran en su nueva fe.

"Pero si sufre por ser Cristiano", les dijo Pedro, "no tiene por qué avergonzarse, sino que más bien debe dar gracias a Dios por llevar ese nombre" (1 Pedro 4:16).

Tanto Pedro como Pablo habían aprendido bien la Oración de la Humildad. Se convirtieron en vagabundos que iban de un lugar a otro, admirados por unos pocos y despreciados por las multitudes.

Ninguno de estos hombres olvidó nunca sus debilidades pasadas. Pedro, el negador, y Pablo, el perseguidor, estaban bien fundados en la verdad de que no podían hacer nada en sí mismos, sino todo en Él.

Como ambos conocían el fracaso y podían corregir con dulzura, eran verdaderos pilares de fortaleza para los Cristianos recién nacidos. Los Cristianos que estaban inmersos en los consuelos de su fe, tenían la tendencia a volverse orgullosos de sí mismos y de su fuerza.

Aunque se les perdonaba mucho, y gozaban de la paz de los verdaderamente arrepentidos, a menudo les resultaba difícil perdonar al prójimo, y tenían que ser advertidos por los Apóstoles de sus formas erróneas. "Revístanse de humildad unos para con los otros, porque Dios resiste a los orgullosos, pero da su gracia a los humildes" (1 Pedro 5:5).

Cuando su primer entusiasmo comenzó a desgastarse un poco y el Señor los llamó a mayores alturas de oración por el desierto de la aridez, y la incertidumbre, comenzaron a mirar sus viejas costumbres. Se preguntaban si no podrían volver a las antiguas prácticas y pecados y seguir siendo Cristianos. ¿No era la dedicación total a la fe un poco irreal en su sociedad?

Pensamientos como estos pasaron por sus mentes. Algunos vacilaron, y otros cayeron profundamente en el pecado.

Los falsos apóstoles y los falsos profetas enseñaban sus propias doctrinas y los Cristianos cuya fe se basaba en un nivel emocional se dejaban llevar por los nuevos evangelios. "Ahora vienen a predicarles a otro Jesús, no como se lo predicamos, y les proponen un espíritu diferente del que recibieron, y un evangelio diferente del que abrazaron... En realidad, son falsos apóstoles, engañadores disfrazados de apóstoles de Cristo" (2 Corintios 11:4, 13).

Eran Cristianos que no sólo caían en errores doctrinales, sino que también cedían a la inmoralidad, la pereza y el orgullo. Pablo tenía palabras fuertes que decir sobre los Cristianos que no vivían su fe. "Yo les decía que no tuvieran trato con quienes, llamándose hermanos, se convierten en inmorales, explotadores, adoradores de ídolos, chismosos, borrachos o estafadores. Ni siquiera deben comer con ellos" (1 Corintios 5:11).

Pablo explicó que estaba hablando de los compañeros Cristianos, no de los paganos. Los incrédulos no tenían el ejemplo de Jesús para modelar sus vidas. No tienen el Espíritu que mora en ellos. Los pecados de los paganos pueden ser horribles, pero no tan monstruosos como los de los Cristianos que tienen la luz, pero prefieren la oscuridad.

San Pablo era un hombre de fuertes convicciones, pero sus propios sufrimientos le hacían ser realista y compasivo. “Hermanos, si alguien cae en alguna falta, ustedes, los espirituales, corríjanlo con espíritu de bondad. Piensa en ti mismo, porque tú también puedes ser tentado” (Gálatas 6:1).

No todos debían corregir a un hermano descarriado, sólo los más espirituales, los que comprendían la vida espiritual y las debilidades de la naturaleza humana. Debían hacerlo con un espíritu de humildad, comprendiendo que ellos también podrían caer si no fuera por la gracia de Dios.

Las tentaciones del Enemigo y el espíritu del mundo que los rodeaba pusieron a prueba sus pobres almas. La única arma que tenían era la Oración—la Oración compartida y la Oración privada—y cuando caían a pesar de todos sus esfuerzos no desesperaban. Utilizaban sus debilidades como herramientas para llegar a un profundo sentido de su indignidad y de la grandeza de las Perfecciones de Dios.

A veces caían y mostraban muchas imperfecciones, pero estos fracasos nunca les desanimaron ni les hicieron desfallecer. Se dieron cuenta de que Dios los amaba no porque fueran buenos, sino porque Él era bueno y ellos lo necesitaban desesperadamente.

San Juan les hizo comprender esta verdad cuando dijo: "Dios envió a Su Hijo único a este mundo para que tengamos vida por medio de él… En esto está el amor: no es que nosotros hayamos amado a Dios, sino que él nos amó primero y envió a Su Hijo como víctima por nuestros pecados" (1 Juan 4:9-10).

Qué diferente era este concepto del de los fariseos. Estos hombres pensaban que primero tenían que ser buenos y luego merecían el amor de Dios a cambio. "Te doy gracias, Dios, porque no soy como los demás hombres" dijo uno de ellos en el Templo (Lucas 18:11).

No se dio cuenta, en su orgullo, de que precisamente por ser como el resto de los hombres era amado por Dios. Fue Dios quien tomó la iniciativa y se apiadó de los pecadores; pecadores que se golpeaban el pecho y decían: "Dios mío, ten piedad de mí" (Lucas 18:13).

"Amemos, pues, ya que él nos amó primero" (1 Juan 4:19). Qué cierto fue esto en la vida de los Apóstoles y de los primeros Cristianos. Los profetas de la antigüedad, como Isaías y Jeremías, fueron santificados en el seno materno, al igual que Juan el Bautista. Elías y Eliseo llevaban una vida frugal y penitente en el desierto, en un esfuerzo por mantener un contacto personal con Dio.

Sin embargo, cuando Jesús vino, comenzó por elegir a "hombres sin instrucción" imperfectos (Hechos 4:13) que constantemente discutían sobre su lugar en la mesa y en el Reino, hombres ambiciosos de honor y gloria con poca comprensión de la vida espiritual.

Un apóstol era un recaudador de impuestos despreciado, y muchos eran galileos, cuyo discurso delataba su ignorancia. El único "judío" respetado era Judas, que se convirtió en traidor.

Era como si Dios tratara de demostrar desde el principio que Él nos eligió; nosotros no lo elegimos a Él (Juan 15:16). Incluso después de Pentecostés, Dios continuó con este patrón al darle a Saulo el carisma de ver Su Luz, escuchar Su voz y ser derribado de su caballo, todo mientras era un pecador y perseguidor.

Dios miró a los pobres pecadores y puso en sus corazones su propio Espíritu para que pudieran mirarlo como los hijos miran a su padre. No era nada que ellos merecieran, nada que merecieran. Era toda Su Bondad descendiendo desde Su poderoso trono y elevando su naturaleza a un estado más allá de sus sueños más salvajes.

"Fíjense cómo Cristo murió por los pecadores, cuando llegó el momento, en un tiempo en que éramos impotentes... Cristo murió por nosotros cuando todavía éramos pecadores"

(Romanos 5:6, 8). Pablo quería inculcar a sus conversos la profundidad y la bondad del amor de Dios por ellos. Tenían que darse cuenta de que Dios los amaba cuando estaban en un estado de rebelión contra Él.

Ahora que estaban convertidos, cambiados y hechos nuevos por el Espíritu de Dios, tenían que manifestar su filiación dando el fruto de la humildad. Esta humildad no era una degradación de su identidad. Era una profunda conciencia de la profundidad del amor personal y total de Dios por cada uno de ellos, con todas sus debilidades y flaquezas.

Eran, en la mente del mundo, los sujetos más improbables para el amor de un Dios Omnipotente, y esa era la belleza de todo. Eran criaturas poco amables a las que los ojos amorosos de Dios miraban con misericordia y compasión.

Cuando fueron elegidos por ese Amor no eran ni sabios, ni influyentes, ni nobles. Fue para avergonzar a los sabios que Dios eligió lo que era insensato a los ojos del mundo. Eran comunes y despreciables como el mundo juzga a sus hijos. Este era su orgullo. Para avergonzar a los fuertes, Dios eligió a los débiles. Para poner en evidencia a los que lo tenían todo, eligió a los que no tenían nada. Hizo todo esto porque Él mismo sería su sabiduría y virtud y santidad y libertad (1 Corintios 1:26-31).

Él viviría en ellos, y el recuerdo de su pequeñez haría más manifiesto su poder, más gratuito su amor y más preciosa su gracia.

Para los paganos, estos Cristianos eran una contradicción. Sería humano y natural desesperarse al ver las propias debilidades, pero veían el efecto contrario en los Cristianos que se alegraban de sus debilidades.

Sería humano querer hacerlo todo uno mismo, pero los Cristianos encontraron la alegría en la comprensión de que no tenían ningún poder y que el poder de Jesús daba más fruto en ellos.

En su día fueron esclavos del pecado y a veces tuvieron que librar una feroz batalla para conservar su nueva libertad, pero, pasara lo que pasara, utilizarían cada precioso momento del tiempo y cada situación como un trampolín hacia el Reino.

Siguieron al Señor con la misma determinación con la que antes habían seguido una vida de pecado. "Hubo un tiempo en que llevaron una vida desordenada e hicieron sus cuerpos esclavos de la impureza y del desorden", les recordaba San Pablo, "conviértanlos ahora en servidores de la justicia verdadera, para llegar a ser santos" (Romanos 6:19).

Había en su naturaleza una lucha constante por la libertad de un hijo de Dios. Eran siempre conscientes de algo en lo más profundo de sus almas que buscaba el pecado mientras otra fuerza, aún más profunda, clamaba por la bondad, la virtud y la verdad. Era una batalla solitaria librada entre fuerzas invisibles que a veces ganaban y a veces perdían.

Sus corazones aspiraban a la santidad, y sus mentes amaban los Mandamientos de su Señor, pero a pesar de todo esto siempre había ese algo intangible e invisible que les hacía hacer lo que no querían. Era un hábito de pecado que habían formado y que les llegaba tan rápidamente que a menudo se quedaban asombrados de sus debilidades.

"El querer está a mi alcance", les dijo San Pablo, "el hacer el bien, no. De hecho, no hago el bien que quiero, sino el mal que no quiero. Por lo tanto, si hago lo que no quiero, eso ya no es obra mía sino del pecado que habita en mí. (Romanos 7:18-20).

Pablo tuvo que admitir que este comportamiento parecía ser la norma en su vida. "Cuando quiero hacer el bien, el mal se me adelanta" (Romanos 7:21), dijo a sus conversos. Pero con un pensamiento y un trazo de su pluma, Pablo dijo a los primeros Cristianos cómo resolver este dilema y esta contradicción. "¡Infeliz de mí! ¡Quién me librará de este cuerpo de muerte! ¡Gracias sean dadas a Dios por Jesucristo, nuestro Señor!" (Romanos 7:24-25).

Les dice que nuestro poder de razonamiento y nuestra fuerza de voluntad son débiles, pero que, gracias a Dios, Jesús entró en un cuerpo como el nuestro para condenar el pecado. Ahora, explicó, debían vivir por el Espíritu, y no por el cuerpo. Puesto que el Espíritu de Dios se había instalado en ellos, debían comportarse como Él les dictara e inspirara (Romanos 8:1-11).

Debían recordar que estaban muertos al pecado y que debían vivir una vida según el Espíritu, y sólo gracias a este Espíritu serían libres y estarían en paz. A menos que el Espíritu de Jesús poseyera sus almas, no pertenecerían a Dios porque "Todos aquellos a los que guía el Espíritu de Dios son hijos e hijas de Dios. Entonces no vuelvan al miedo; ustedes no recibieron un espíritu de esclavos, sino el espíritu propio de los hijos, que nos permite gritar: ¡Abba!, o sea: ¡Padre!" (Romanos 8:14-15).

La lucha en su interior se convirtió en una oración: la Oración de la Humildad. Ellos debían disminuir, y Él debía aumentar. Debían vivir vidas espirituales en el Espíritu y abandonar el hábito del pecado en sus cuerpos.

En sus mismas debilidades, el Espíritu vendría a ayudarles, pues cuando estuvieran cansados en la lucha, expresaría sus súplicas de una manera que nunca podría ponerse en palabras, y Dios, que conocía sus corazones y sus deseos, sabría lo que necesitaban (Romanos 8:26-27).

La lucha por dejar que el Espíritu gobierne fue a veces dolorosa, decepcionante y desgarradora. Hubo batallas que ganaron y batallas que perdieron, pero lenta e imperceptiblemente cambiaron y dieron cien veces más fruto. La lucha por la santidad dio el fruto de Jesús, pues como Él, eran mansos y humildes de corazón, gobernados por Su Espíritu, llamados "hijos de Dios", e imágenes visibles de su Señor en la tierra. Su poder se manifestó realmente en su debilidad.

La Oración de la Esperanza

La humildad es una virtud liberadora, porque quita al alma el peso de cualquier injusticia. Nos da la libertad de dejarlo todo en manos de Dios y el contentamiento de estar satisfechos con Su plan en nuestras vidas.

La humildad es una virtud estimulante que nos aleja del desánimo a la vista de nuestras fragilidades. Va unida a la Esperanza en una unión indisoluble, y juntas llevan a nuestras almas a grandes alturas de santidad.

Los primeros Cristianos no tenían miedo de recordar su pasado. La humildad lo cubría como un manto. Tampoco temían el futuro, pues la Esperanza iluminaba el camino y tenían la seguridad de que la senda conduciría directamente a Dios.

Sabían que la Fe, el Amor y la Gracia eran dones de Dios, y la Esperanza les daba la seguridad de que la realidad invisible era ya su posesión. Sólo tenían que corresponder a estos dones y dar al Espíritu la libertad de obrar en sus vidas.

El Padre les había dado el mayor regalo de todos, Su Hijo, y no les negaría regalos menores.

Los primeros Cristianos poseían un tremendo sentido de expectación por los gloriosos dones reservados para ellos en la Segunda Venida y en el Cielo. Su Esperanza les dio el entusiasmo para esperar Su venida con ansias. La salvación significaba la resurrección del cuerpo, la plenitud de los dones del Espíritu, la herencia de hijos de Dios, la gloria del Reino y el abrazo eterno de Dios, su Padre.

Sabían que en sus vidas ya habían comenzado esta gloriosa herencia al compartir el mayor don de todos: el Espíritu Santo. A diferencia de la esperanza del Antiguo Testamento, que era una expectativa de algo por venir, la esperanza que poseían los primeros Cristianos hacía que su Cielo comenzara aquí y ahora por el hecho de ser los Templos del Espíritu.

Su esperanza era segura porque se basaba en Dios mismo, que les dio a Su Hijo. Les invitó a acudir a Él a través de Jesús. Él manifestó Su amor dando la vida de Su Hijo para Su Redención y luego liberó el poder de Su Espíritu para llenar sus corazones.

Sus vidas estaban llenas de la alegría de saber que algún día sus cuerpos resucitarían y Jesús vendría de nuevo y mostraría al mundo entero que Él era el Señor.

Para apreciar el tipo de Esperanza que poseían estos Cristianos, veremos sus diversos aspectos y veremos cómo los mantenía en un espíritu de Oración.

Esperanza y esperar

Es importante recordar que la Esperanza que tenían los primeros Cristianos se basaba en una promesa cumplida. A diferencia de la Esperanza de Abraham, que esperaba que algo viniera, ellos vieron la promesa del Padre manifestada en Jesús. La vida de Jesús les dio una prueba concreta de lo que les esperaba.

Él era su Esperanza cumplida, por lo que no necesitaban ser hombres de deseos sino de expectativas. Aunque sus ojos no habían visto la Gloria por venir, conocían la Fuente de esa Gloria—Jesús. Ellos "sintieron" Su Presencia en sus almas. Ellos "vieron" Su Poder manifestado por grandes y maravillosas obras en Sus Apóstoles.

Su propio Espíritu les hablaba en lo más profundo de sus almas y guiaba sus vidas con una amorosa Providencia. Eran como niños que buscaban a su Padre para que los guiara, los amara y los protegiera, y Su Presencia los rodeaba con un sentido permanente de una Esperanza y esperar.

"Bendito sea Dios", les dijo San Pedro, "Padre de Cristo Jesús, nuestro Señor, por Su gran Misericordia. Al resucitar a Cristo Jesús de entre los muertos, nos dio una vida nueva y una esperanza viva. Reservaba para ustedes la herencia celestial, ese tesoro que no perece ni se echa a perder y que no se deshace con el tiempo" (1 Pedro 1:3-4).

"Ustedes lo aman sin haberlo visto", les dijo Pedro, "ahora creen en él sin verlo, y ahora se sienten llenos de una alegría inefable y celestial al tener ya ahora eso mismo que pretende la fe, la salvación de sus almas" (1 Pedro 1:8-9).

La palabra "seguro" describe lo que el Apóstol esperaba de los primeros Cristianos. Su Esperanza no era una esperanza "de esperar", sino una esperanza "segura". Era la Fe la que les hacía esperar, pero la Esperanza les hacía estar seguros, positivos y expectantes de la posesión de Dios en Su Gloria.

Estos Cristianos esperaban la Segunda Venida y el Cielo con mayor entusiasmo que nosotros los días de fiesta, los jubileos, las vacaciones y la Navidad. Nosotros esperamos el placer y la alegría de una fiesta que va y viene, pero ellos esperaban ese Banquete Eterno que un día llegaría, pero nunca se iría.

Esta Esperanza en ellos era tan grande que les trajo persecución y angustia. Pablo le dijo al rey Agripa: "Y si ahora soy aquí procesado, es por esperar la promesa hecha por Dios a nuestros padres; de hecho, el culto perpetuo que nuestras doce tribus rinden a Dios noche y día no tiene otro propósito que el de alcanzar esta promesa. Por esta esperanza, oh rey, me acusan los judíos. Pero ¿por qué no quieren ustedes creer que Dios resucita a los muertos"? (Hechos 26:7-8). "Por la esperanza de Israel yo llevo estas cadenas" (Hechos 28:20).

La resurrección de Jesús era el fundamento de su esperanza, y como eran hijos de Dios por la gracia, ellos también se levantarían de la tumba. Esta comprensión les quitaba el miedo a la muerte. Sus almas disfrutarían de la Visión Beatífica, y luego, en el último día, sus cuerpos mortales resucitarían y se reunirían en un estado glorioso para siempre.

Es difícil para la mayoría de nosotros, que hemos nacido y crecido en el concepto de vida eterna, darnos cuenta plenamente de lo que significaba escuchar y creer esta verdad por primera vez. Sus almas nunca morirían, sólo pasarían de un modo de existencia a otro; nunca dejarían de ser. Qué emoción debió de suponer esta verdad para estos nuevos Cristianos!

"Sí", dijo Pablo al gobernador romano, "habrá resurrección tanto de los buenos como de los malos" (Hechos 24:15). "Creemos que Jesús murió y resucitó, y que lo mismo ocurrirá con los que han muerto en Jesús, Dios los traerá con Él".

Estos Cristianos estaban tan entusiasmados con la perspectiva de resucitar de entre los muertos como lo hizo Jesús que empezaron a preguntarse qué pasaría si estuvieran vivos cuando Jesús volviera. ¿Cuándo vendría? ¿Sería pronto? ¿Tal vez mañana?

San Pablo les dijo que, a la trompeta de Dios, el Arcángel daría la orden y Jesús bajaría con todos los que murieron en Él, y los que vivían en ese momento "serían llevados en las nubes junto con los que han resucitado, y se encontrarían con el Señor en el aire" (1 Tesalonicenses 4:16-17).

Estos Cristianos sentían curiosidad por el tiempo y el lugar. Pablo, al igual que Jesús, les dijo que no esperaran conocer "los tiempos y las épocas, porque el Día del Señor vendrá como un ladrón en la noche" (1 Tesalonicenses 5:1-2).

Debían vivir en la "luz" y no como los que no tenían fe ni esperanza. Dios había iluminado sus mentes para que supieran con certeza que Él vendría de nuevo, y como Él, se levantarían de la tumba. La Fe y el Amor eran su escudo y la esperanza su casco. Sus almas debían estar unidas a Jesús de una manera tan íntima que no haría ninguna diferencia si vivían durante esa gloriosa venida o no (1 Tesalonicenses 5:7-8).

Vivir con Dios debía ser una experiencia de "ahora", y debían estar listos en cualquier momento que el Maestro los llamara. Este tiempo de espera debía estar lleno de buenas obras y de cambios interiores. No era un tiempo de espera y especulación. Debían dar valor a los aprensivos, cuidar de los débiles y ser pacientes con todos. Sobre todo, debían "orar constantemente" alegrándose en el Señor y dando gracias por cada detalle de su situación vital (1 Tesalonicenses 5:12, 18).

La esperanza: la herencia de los santos

Esta Esperanza hizo que los Cristianos se dieran cuenta de que la salvación era posible y "posible para todo el género humano" (Tito 2:11). Esta era su principal "obra" en la vida: revestirse de

Jesucristo mediante la imitación de Su vida. La esperanza los hizo comprender que estaban llamados a ser santos tanto como Abraham, los Profetas, Pedro y Pablo.

Tenían una vocación tan importante como la de Abraham, y al igual que los especialmente elegidos, tenían que renunciar a todo lo que no les llevara a Dios. Eran un pueblo elegido apartado y pagado por la Sangre de Jesús.

"Se sacrificó a sí mismo", les recordó Pablo, "para liberarnos de toda maldad y purificar a un pueblo para que fuera Suyo y no tuviera más ambición que hacer el bien" (Tito 2:14).

No fue por una buena acción de su parte que Él los eligió. No, fue la compasión del Padre, el amor de Jesús y el poder de Su Espíritu lo que los sacó de una vida de esclavitud a una vida de gracia y los hizo hermanos de los santos, herederos que esperaban heredar la tierra de su Padre.

Eran hijos de Dios y contemplaban esta dignidad con gratitud y humildad. Era real para ellos y aunque no habían visto la gloria de su Hogar, tenían una Esperanza que les permitía vislumbrar ese reino invisible.

Verían a Dios como realmente era y esa experiencia pondría sus almas y eventualmente sus cuerpos en un estado de alegría inexpresable en el lenguaje humano.

Ser hijo y heredero les dio una conciencia de amor que nunca antes habían conocido, y que fue alimentada por la Esperanza. Ese amor llegó a su prójimo e hizo que ese prójimo también deseara pertenecer a la familia de Dios.

La esperanza hizo que la palabra "elegido" significara algo muy especial en sus vidas. Les hizo llegar más lejos, trabajar más, renunciar más y amar más. Puso la alegría en sus rostros, la risa en sus labios y una canción en sus corazones.

Poseían Su Espíritu; eran Su Templo; vivirían y respirarían por ese Espíritu y "serían santos como Él es santo" (1 Juan 3:7).

Para que su esperanza no degenerara en presunción, Pablo les advirtió: "Estamos salvados, pero todo es esperanza. ¿Quieres ver lo que esperas? Ya no sería esperar; porque, ¿quién espera lo que ya tiene a la vista? Esperemos, pues, sin ver, y lo tendremos, si nos mantenemos firmes" (Romanos 8:24-25).

Esto no era una contradicción con su doctrina de que somos salvados por nuestra fe en Jesús. Quería que sus conversos entendieran que, sin un cambio de vida, una adhesión a Su palabra y un profundo amor por el prójimo, la salvación no sería suya.

La base de su fe era que Jesús es el Señor. Fue enviado por el Padre, vivió, murió y resucitó de la tumba. Porque Él es el

Señor, Su vida, Sus sufrimientos, Su muerte y Su Resurrección merecieron para la humanidad el perdón de sus pecados, y los hizo como Él: hijos de Dios. Esto tenía que ir más allá de la etapa de "conocimiento" y afectar sus vidas de una manera radical y dramática.

El conocimiento de un Jesús histórico no fue suficiente, pues el Enemigo posee el conocimiento de que Jesús es el Señor y no se salva. Es su misma creencia y rechazo de ese conocimiento lo que crea su infierno. No aceptará a Jesús como Señor en su vida. Su orgullo retrocede al darse cuenta de que el Hijo de Dios asumió nuestra naturaleza humana y se convirtió en Hombre—Dios-Hombre. Este conocimiento y su rebelión contra él es orgullo, el tipo de orgullo que se pone por encima de la Sabiduría de Dios y dice: "Yo no quiero servir" (Jeremías 2:20).

Así, el mero conocimiento o creencia de que Jesús es el Señor no es suficiente para la salvación. Cuando Pablo les dijo a los Cristianos que la fe en Jesús los salvaba y Juan les dijo que todo el que cree que Jesús es el Señor se salva, estaban animando a un cambio de estilo de vida. "No se modelen según el comportamiento del mundo que los rodea", les dijo Pablo, "sino que su comportamiento cambie, modelado por su nueva mente". Esta es la única manera de descubrir la Voluntad de

Dios y saber qué es lo bueno, qué es lo que Él quiere, qué es lo perfecto que hay que hacer... No permitan que nuestro amor sea una pretensión, sino que prefieran sinceramente el bien al mal... No se dejen llevar por la autocomplacencia" (Romanos 12:2, 9 y 16).

San Juan hizo algunas declaraciones sorprendentes con respecto a su concepto de lo que significa creer en Jesús, el Jesús que salva. Dijo a sus conversos que debían ser "puros como Cristo". Vivir una vida santa, les dijo, "es ser santo como Él es santo.... el que no sigue el camino de rectitud no es de Dios, y tampoco el que no ama a su hermano... no amemos con puras palabras y de labios para afuera, sino de verdad y con hechos" (1 Juan 3:3, 10 y 18).

Sólo a través de Jesús entramos en el Reino, porque Él mereció la gracia para nuestras almas, para que podamos ver el Rostro de nuestro Padre. Esto significa que debemos ser como Él y en la medida en que nuestra fe nos cambie, en esa medida seremos como Él. Nuestra creencia en Jesús como Señor debe afectar la conducta de nuestras vidas, o seremos acusados de ser hijos de la luz y preferir las tinieblas.

Esto es muy evidente en la vida de los Apóstoles. Todos ellos empezaron creyendo que Jesús era el hijo de Dios, el esperado.

Once de estos hombres creyeron y cambiaron, aunque a veces cayeron por sus debilidades. Pero Judas se rebeló contra el cambio en su vida, y esa rebelión convirtió el amor en odio, un odio que no quedó satisfecho hasta que el Hombre que una vez amó fue destruido.

Los doce creyeron que Jesús era el Mesías, pero la creencia de Judas se detuvo ante la necesidad de cambiar, y destruyó a su Señor. Por un momento, la fe de Pedro se detuvo y negó a su Señor, pero el amor triunfó y se arrepintió. Pedro recordó que Jesús predijo su negación, pero también recordó su advertencia: "Y tú, cuando hayas vuelto, tendrás que fortalecer a tus hermanos" (Lucas 22:32). Pedro iba a utilizar su fracaso para impulsar su determinación de cambiar su propia vida y ayudar a otros a cambiar sus vidas.

Esto no significa que cualquier cosa que hagamos o nos convirtamos tenga el poder de salvarnos; sólo significa que debemos cooperar con el Espíritu Santo y Su gracia e inspiraciones.

Dios ha dado y elegido, pero nosotros debemos aceptar y responder. Su amor es gratuito e infinito, y nosotros debemos corresponder con todo el amor que poseemos. Él desea que todos los hombres sean santos, que se salven, pero Él no nos obligará a ser santos ni a amarlo. Es una unión de amor y voluntades que nos llena de Él y nos vacía de nosotros mismos. Él debe aumentar y nosotros debemos disminuir, pero de alguna manera en el proceso encontramos nuestro verdadero yo: ese yo que Él creó a Su imagen y semejanza, ese yo que el pecado ha desfigurado y la debilidad ha inhabilitado, ese yo que ha renacido y ha sido hecho glorioso por la Preciosa Sangre de Jesús.

Sí, estos primeros Cristianos no se hacían ilusiones. Sabían lo que Dios había hecho por ellos y lo que debían hacer a cambio, y juntos formaron una asociación que continuó hasta la eternidad.

La esperanza de la gloria eterna

Hubo un aspecto de la Esperanza que los primeros Cristianos aprendieron rápidamente, y fue la necesidad de perseverar. Jesús les había dicho una vez que un hombre que empezara a construir una casa que no pudiera terminar sería objeto de burla por parte de sus vecinos (Lucas 14:28-29).

Cuanto más se habituaban a ser como Jesús, más santos se volvían; y cuanto más perseveraban en este camino, mayor era su Esperanza. San Pablo les dijo: "Incluso no nos acobardamos en las tribulaciones, sabiendo que la prueba ejercita la paciencia, que la paciencia nos hace madurar y que la madurez aviva la esperanza, la cual no quedará frustrada, pues ya se nos ha dado el Espíritu Santo, y por él el amor de Dios se va derramando en nuestros corazones" (Romanos 5:3-5).

Dios mismo, a través de Su Espíritu Santo, era la fuente de su Esperanza. Él era quien daba fruto en ellos, un fruto que perduraba. Jesús lo dejó claro durante el discurso de la Última Cena. "Los preparé para que vayan y den fruto" dijo, "y ese fruto permanezca" (Juan 15:16).

A diferencia de las personas del mundo que son buenas un día y malas al siguiente, los Cristianos, que llevaban dentro de sus almas el mismo Espíritu de Dios, perseveraban en dar fruto por la misma piedra de tropiezo que hacía caer a los del mundo, es decir, el sufrimiento.

Las persecuciones, las dificultades y la enfermedad no eran ocasiones de desaliento y desesperación; eran ocasiones de imitar, de dar fruto, de elevarse y de mostrar un alegre desprendimiento. Estas cosas, soportadas con alegría, les hacían ser pacientes. Cuanto menos "pataleaban contra el aguijón" (Hechos 26:14), más control tenían de cada situación.

Se volvían cada vez menos frenéticos ante cada decepción porque, como Jesús, veían la Providencia del Padre en todo.

La vida tenía un propósito y una meta y un desafío oculto en su propia existencia. No iban a ser como los que "golpean el aire". Harían que cada momento contara para la eternidad y se sumaría a la gloria de ese lugar celestial.

El egoísmo no era el motivo de su anticipación de la gloria venidera. Era la alegría de los niños, agradecidos a su Padre por Su benéfica Providencia, lo que les hacía esperar lo que iba a suceder. Dios mismo los ayudaría a utilizar todo para ese mismo fin. San Pablo los animaba en este sentido diciendo que "También sabemos que Dios dispone todas las cosas para bien de los que lo aman, a quienes él ha escogido y llamado. A los que de antemano conoció, también los predestinó a ser imagen y semejanza de Su Hijo, a fin de que sea el primogénito en medio de numerosos hermanos. Así, pues, a los que él eligió los llamó; a los que llamó los hizo justos y santos; a los que hizo justos y santos les da la Gloria" (Romanos 8:28-30).

Compartirían la mismísima Gloria de Dios porque Jesús bajó y preparó un camino para ellos, lo marcó con Su Preciosa Sangre, y recorrió su camino para que ellos siguieran Sus pasos.

Sí, Pablo se dio cuenta de que "la esperanza les haría regocijarse" porque estaba arraigada en Aquel que un día compartiría Su Gloria con ellos. En la tierra eran "enviados de Dios", "cartas de

Cristo al mundo", confiados porque el Espíritu que vivía en ellos daría a sus almas un "brillo y un esplendor" más allá de sus sueños más salvajes (Romanos 12:12; 2 Corintios 3:3, 9).

Cuando Moisés subió a la montaña para hablar con Dios, su rostro brillaba con tal esplendor que los israelitas no podían mirarlo. ¿Qué hombre leyó alguna vez ese relato y no deseó esa clase de santidad, tan brillante, tan gloriosa, que brillaba como el sol?

Sin embargo, Pablo dice a sus Cristianos que, gracias a Jesús y a la gracia del Espíritu en ellos, el esplendor de Moisés es como nada. "Es algo tan glorioso bajo ese aspecto, que la gloria del otro ministerio no era nada en comparación" (2 Corintios 3:10).

Cuando Pablo describe el esplendor del alma de un Cristiano, uno siente que está en la Presencia de Dios. Compara el resplandor de Moisés como algo exterior a él, una gloria que hablaba al pueblo como un carisma. Manifestó de forma dramática que Moisés había hablado realmente con Dios.

Sin embargo, el esplendor del alma cristiana era mayor, pues ese mismo Dios habitaba en su alma y lo transformaba en Jesús. Este esplendor obró maravillas y continuamente se hicieron más brillantes. Pablo sólo pudo describirlo diciendo: "Todos llevamos los reflejos de la gloria del Señor sobre nuestro rostro descubierto, cada día con mayor resplandor, y nos vamos transformando en imagen suya, por ser ésta la obra del Señor, que es Espíritu" (2 Corintios 3:18).

No sólo estaban en Su Presencia como Moisés, sino que esa Presencia estaba dentro de ellos y Su Poder los transformaba en Jesús, en hijos de Dios, en espejos vivientes de Dios. Tenían una misión sublime: brillar "la luz en medio de las tinieblas, es el que se hizo luz en nuestros corazones, para que se irradie la gloria de Dios tal como brilla en el rostro de Cristo" (2 Corintios 4:6).

Como las "tinajas de barro" guardaban este tesoro, se dieron cuenta de que este poder para transformarlos venía de Dios. Sabían que muchas veces se encontrarían "pruebas de toda clase, pero no nos desanimamos; estamos entre problemas, pero no desesperados; somos perseguidos, pero no eliminados; derribados, pero no fuera de combate" (2 Corintios 4:7-9).

El "el hombre interior se va renovando de día en día en nosotros" y todo tenía un propósito. "Sí", les dijo Pablo, "Por eso no nos desanimamos; no se pueden equiparar esas ligeras pruebas que pasan aprisa con el valor formidable de la gloria eterna que se nos está preparando" (2 Corintios 4:16-17).

Como Cristianos, debían vivir en el Cielo hasta llegar a él. Porque habían muerto a las cosas de este mundo, debían "busquen las cosas de arriba, donde Cristo está sentado a la derecha de Dios". "Preocúpense por las cosas de arriba, no por las de la tierra", porque "han muerto, y su vida está ahora escondida con Cristo en Dios" (Colosenses 3:1-4).

Estaban verdaderamente destinados a compartir Su gloria, y nadie les quitaría esa Esperanza, porque venía de Dios y los llevaba a Dios.

Oración de agradecimiento y alabanza

De un corazón esperanzado brota la acción de gracias. Los primeros Cristianos estaban siempre agradecidos por todos los dones que recibían, y su gratitud se veía reforzada por el hecho de que eran destinatarios de una participación en la propia naturaleza de Dios, sin ningún mérito por su parte.

A diferencia de los orgullosos del mundo, que se sienten merecedores de todo lo bueno, estos Cristianos buscaban a Dios como un ciervo herido corre en busca de agua, y cuando esa "agua viva" llegaba y los curaba, sus corazones entonaban un interminable canto de agradecimiento.

Sus labios pronunciaban suaves susurros de "Gracias, Dios" cada vez que Su Espíritu sanador cubría sus almas con

Misericordia y perdón. Sus corazones latían con una rítmica melodía de amorosa gratitud cada vez que eran conscientes de esa imponente y silenciosa Presencia que se agitaba en las profundidades de sus almas y les hablaba de Su Amor.

Sí, estaban agradecidos, agradecidos de que Dios es Dios, Jesús salva, el Espíritu santifica, y eran vasos vacíos que se llenaban constantemente de todo lo bueno.

Pablo, en un arrebato de gratitud, dijo: "Doy gracias sin cesar a mi Dios por ustedes y por la gracia de Dios que les ha sido otorgada en Cristo Jesús, 5 pues en él han llegado a ser ricos de mil maneras, recibiendo todos los dones de palabra y de conocimiento 6 a medida que se afianzaba entre ustedes el mensaje de Cristo" (1 Corintios 1:4-5).

Estos Cristianos estaban agradecidos, no sólo por el don de la gracia, sino por los maestros y predicadores que mantenían esa gracia creciendo en sus almas por medio de la verdad sin error, y un testimonio del poder del Espíritu entre ellos.

Los corazones humildes son corazones agradecidos, y tanto la humildad como la gratitud pertenecen a la verdad, la verdad del Amor y la Misericordia de Dios hacia los pobres pecadores que no lo merecen. Dado que ese mismo Amor fue dado gratuitamente por parte de Dios, ellos debían recibir y aceptar ese Amor con gratitud; cualquier otra cosa sería una ofensa para Dios.

Dar por sentado ese Amor sería tibieza, recibir ese Amor sin la conciencia de la propia indignidad sería orgullo, pero aceptarlo sin gratitud sería insolencia.

Los hombres y mujeres que creían que Jesús era el Señor y experimentaban su amor en Su vida diaria y Su Espíritu en sus corazones, eran hijos agradecidos de un Padre Providente. Cuando empezaban a dar las cosas por sentado, sólo tenían que mirar hacia atrás y volvían a mirar a Dios con corazones agradecidos.

La acción de gracias se convirtió en una forma de vida para ellos porque veían a Dios en todo. Nada ocurría sin más; nada era mera coincidencia o casualidad. Todo era un regalo de un Padre amoroso para cada uno de ellos.

Él planificó sus vidas, y ellos le agradecieron cada minuto. Pablo lo dejó claro cuando dijo: "Han recibido a Cristo Jesús como el Señor; tomen, pues, su camino. Permanezcan arraigados en él y edificados sobre él; estén firmes en la fe, tal como fueron instruidos, y siempre dando gracias" (Colosenses 2:6-7).

Pablo clasifica la acción de gracias con la fe, pues sólo un corazón agradecido tiene el poder de creer en esos misterios invisibles que hacen de la vida un reto, un misterio, una expectativa asombrosa de algo maravilloso por venir.

El corazón del hombre tiende a atribuirse a sí mismo todo lo bueno, pero el corazón del Cristiano se da cuenta de que sólo a Dios le corresponde la gloria y el agradecimiento por los talentos, la salud, el éxito, la poda de la cruz y la gloria del Cielo.

Este espíritu de agradecimiento les dio una especie de libertad mental estimulante. Él se ocupaba de ellos, de todo, y ellos se lo agradecían de todo corazón.

Cuando les llegaban cruces, le daban las gracias, y de repente las cruces eran más fáciles de llevar.

Cuando la alegría fue su porción, le dieron las gracias, y pareció que probaron un poco del Cielo.

Cuando el dolor atravesaba sus cuerpos por la enfermedad o la tortura, le daban las gracias y, como Esteban, sentían como si el Cielo se abriera y Dios les sonriera (Hechos 7:56).

Cuando el prójimo les decepcionaba, daban gracias a Dios por desprenderse de las cosas y los hombres de su mundo.

Cuando sus vidas se convertían en un misterio, daban gracias a Dios por estar envueltos en Sus Brazos mientras se enfrentaban a los problemas que no podían resolver.

Cuando fueron odiados a causa de Su Nombre, cantaron himnos de acción de gracias porque sabían que su recompensa era grande en el Cielo

Cuando perdieron sus posesiones por causa del Reino, dieron gracias a Dios porque iban a vagar por la tierra de Dios, libres de apegos y de cosas que les ataban y les impedían encontrarle.

Su acción de gracias se convirtió en alabanza porque la alabanza era la música que subía al Cielo desde los corazones agradecidos. Cuanta más gratitud sentían, más alabanzas expresaban. Nunca parecía suficiente cuando decían: "Gracias, Señor"; su amor les impulsaba a decir: "¡Alabado sea Dios!".

Para ellos, la acción de gracias era un acto de gratitud por algo que Dios había hecho por ellos, pero la alabanza era dar gracias a Dios por Dios: mirar Su Belleza y alabar Su Omnipotencia, ver Su Misericordia y alabar Su Bondad, y sentir Su Amor y alabar Su Compasión.

Cuando Le agradecieron la alegría y el dolor, alabaron la Sabiduría que se ocupó de sus necesidades y les dio aquellas cosas que aumentaron su gloria en el Reino.

Cuando le agradecieron la persecución que difundió la Buena Nueva por todas partes, le alabaron por manifestar la verdad de que la sabiduría del hombre es una tontería para Dios.

Cuando le dieron las gracias por haber enviado a Jesús para salvarlos, sus corazones resonaron en cantos de Alabanza por Su Infinito Amor y Misericordia. Alabar a Dios se convirtió en un puro gozo para ellos, pues de alguna manera los hizo desinteresados, al menos por un momento.

Había algo en la alabanza a Dios que no se parecía a ninguna otra oración que hicieran. Hacía que el peor de ellos fuera noble; el más débil, fuerte; y el más egoísta, generoso. Les elevaba por encima de sí mismos y les hacía pensar sólo en Dios.

Cuanto más lo alababan, más encontraban para alabar. Comenzaron alabándole por Jesús, por la Fe, la Esperanza y el Amor, y por la Redención. Un día lo alabaron cuando estaban siendo interrogados, humillados y azotados en público, por causa de Su Nombre y cuando sus corazones resonaron en cantos de Alabanza, una fuerza invisible se apoderó de ellos, como en Pentecostés y bailaron de alegría.

En la mente de Pablo, Dios los había elegido para vivir vidas santas y sin mancha a través de su amor por Jesús. Dios los había hecho hijos adoptivos, para que "alabaran la gloria de Su gracia" por toda la eternidad (Efesios 1:4-6). Era Jesús mismo en ellos quien daría el fruto de la bondad y los haría puros e irreprochables mientras los preparaba para encontrarse con el Padre cara a cara (Filipenses 1:10-11).

Fue a través de Jesús que estos Cristianos ofrecieron alabanzas a Dios porque sólo Jesús podía dar el fruto de la humildad en ellos. El hombre debe apartarse cuando alaba a Dios. Debe reconocer que Dios es supremo, que sólo Dios es bueno y santo, y que Dios es el dador de todos los dones. La creación, la vida y los talentos del hombre son todos regalos de un Dios amoroso, sin ningún mérito por parte del receptor. Esta actitud de humilde gratitud es lo que hace que la Alabanza sea un sacrificio para Dios.

Es significativo en el Evangelio de San Lucas ver a Zacarías recibiendo su poder de hablar de Dios y luego alabando a Dios. Podemos estar seguros de que este hombre santo siempre estuvo agradecido por el don de la palabra, pero sólo cuando se le quitó ese poder y se le devolvió, se dio cuenta de que el propio Poder de Dios estaba detrás de un don que él, y muchos como él, daban por sentado.

Todos damos gracias a Dios por las cosas que nos da, y la mayoría de las veces lo hacemos porque somos receptores de dones espirituales o temporales, pero no es frecuente que los Cristianos modernos alabemos a Dios porque es digno de alabanza. Sólo un alma desinteresada puede alabar a Dios en el dolor, agradecer a Dios en la alegría y cantar himnos de amor en su corazón por cada momento que se le permite vivir y respirar.

San Pablo les dijo a los hebreos, "Ofrezcamos a Dios en todo tiempo, por medio de Jesús, el sacrificio de alabanza, que consiste en celebrar Su Nombre" (Hebreos 13:15). No solemos pensar en que un sacrificio sea "verbal", pero cuando tenemos que elegir entre hablar de nuestro nombre o del Nombre de Jesús, entre hablar de nuestra vida o de la Suya, entre hablar de nuestros frutos o de los Suyos, entre hablar de nuestras obras o de las Suyas, vemos fácilmente que la alabanza puede ser y es un magnífico sacrificio que podemos ofrecer a Dios.

Si lo amamos mucho, será un sacrificio indoloro, pero si nuestro amor es tibio, entonces encontraremos que hablar de Jesús con preferencia a nosotros mismos es un sacrificio doloroso.

Cuando observamos la vida de Juan el Bautista, vemos esta forma de alabanza muy evidente. Reconoció ante las multitudes que él no era el Mesías, que iba a venir Uno que era tan santo que no era digno de desatar Sus sandalias, Uno que los bautizaría con el Espíritu Santo (Juan 1:19-34).

Juan el Bautista llegó a la forma más perfecta de alabanza cuando dijo: "Es necesario que él crezca, y que yo disminuya" (Juan 3:30). Esta es la verdadera alabanza, no la de labios del fariseo, que daba gracias a Dios por no ser como el resto de los hombres y luego procedía a alabar sus propias obras y acciones.

Cuando Juan dijo a la multitud que no era digno de desatar la correa de la sandalia de Aquel que le seguiría, le dedicó a Jesús el mayor de las alabanzas. Una persona orgullosa es incapaz de alabar, porque se atribuye todo a sí misma y la autoalabanza está siempre en sus labios y en su corazón.

El primer Cristiano, sin embargo, no deseaba otra cosa que hablar de Jesús y alabarlo. Cuanto más alababa a Dios, más se vaciaba de sí mismo, hasta que poco a poco empezó a dar gloria a Dios en todo.

La alabanza surgía del interior del Cristiano, y Dios, al ver ese espíritu de amor, un día devolvería esa alabanza. Pablo dijo a sus conversos que no era la letra de la ley lo que les hacía agradables a Dios; era el espíritu. Les dijo, "Lo que a uno lo hace judío no es algo exterior, y la circuncisión real no es la que está hecha en el cuerpo. Ser judío es una realidad íntima, y la circuncisión debe ser la del corazón, obra espiritual y no cuestión de leyes escritas. No es algo que puedan valorar los hombres, sino sólo Dios" (Romanos 2:28-29).

El Cristiano no debía cortejar la alabanza de los hombres ni juzgar sus motivos. Es el juicio de los motivos lo que hace que los hombres culpen o alaben a otros hombres. Si el primer Cristiano debía olvidarse de sí mismo y dedicar su tiempo a buscar a Dios, este principio se aplicaba también al prójimo. Sólo Dios conocía el corazón del hombre, y el único deber del Cristiano era amar a su prójimo de la misma manera que Dios lo amaba. Debe dejar el juicio a Dios. Tanto la culpa como la alabanza vendrían del Escudriñador de todos los corazones.

Les aconsejó Pablo, "A pesar de que no veo nada que reprocharme, eso no basta para justificarme: el Señor me juzgará. Por lo tanto, no juzguen antes de tiempo; esperen que venga el Señor. El sacará a la luz lo que ocultaban las tinieblas y pondrá en evidencia las intenciones secretas. Entonces cada uno recibirá de Dios la alabanza que se merece" (1 Corintios 4:5).

Tenían las mismas palabras de Jesús para asegurarles esta verdad. Jesús dijo a las multitudes que en el último día diría a los elegidos: cuando tuvo hambre Le dieron de comer, Le dieron de beber cuando tuvo sed, y Lo visitaron cuando estuvo enfermo. Todo esto es una alabanza, una alabanza de Dios mismo, que elogia a Sus fieles por ser leales. Sólo después de que los elogie para su total asombro, los recompensará con el Reino (Mateo 25:34-40).

Las Bienaventuranzas son formas de alabanza, pues Jesús llama "bienaventurados" a los fieles que son pobres de espíritu, mansos, castos, pacíficos y puros de corazón. ¿Qué mayor alabanza para un ser humano que el hecho de que Dios mismo, el Santo de los Santos, le llame "bienaventurado" (Mateo 5:1-9)?

Sí, Jesús alabará a Sus hijos, fruto de Su Redención, en presencia del Enemigo y sus seguidores. Alabará a estos seres humanos inferiores en presencia de esas inteligencias superiores cuyo orgullo les impide siempre alabar a Dios. El Enemigo será aplastado al ver que los hombres débiles son tenidos en tan alta estima por el Altísimo Señor, y la Sabiduría de Dios se manifestará de la manera más maravillosa al desplegar la santidad secreta y los sacrificios de Sus hijos. En verdad, entonces todos comprenderán cuán maravillosamente digno de alabanza es Dios.

Oración de la serenidad pacífica

La palabra "paz" significaba para los primeros Cristianos algo más que la ausencia de guerra. De hecho, su mismo fruto en

Jesús creó las condiciones propicias para la guerra. Hombres malvados que veían en los Cristianos un espíritu de santidad estaban decididos a erradicarlos de la faz de la tierra. Su odio hacia Jesús y Sus seguidores engendró persecuciones y perpetró crueldades demenciales e inhumanas.

Estos Cristianos no se hacían ilusiones de que ser Cristiano hiciera que todos los hombres los amaran o les asegurara un lugar en este mundo. Vivían en una atmósfera de la peor clase de guerra: la guerra entre conciencias, entre ideales y objetivos, y entre espíritus. Jesús dejó claro que Él era un Dios de Paz, pero que no traería la paz. "No piensen", Él dijo, "que he venido a traer paz a la tierra; no he venido a traer paz, sino espada. Pues he venido a enfrentar al hombre contra su padre, a la hija contra su madre y a la nuera contra su suegra. Cada cual verá a sus familiares volverse enemigos (Mateo 10:34-36).

La vida que Jesús exigía a Sus seguidores hacía que la disensión fuera inevitable, pues esas exigencias no dejaban dudas ni presentaban alternativas. Todo hombre que tuviera que hacer una elección causaría algún tipo de confusión en la vida de los demás. El Hijo de Dios se hizo hombre y nos mostró a todos cómo debe vivir un hijo de Dios. Con la fuerza de su ejemplo detrás de sus palabras, Jesús dividió a toda la humanidad en grupos y le dio a cada individuo una elección que hacer: o por Él o contra Él.

Su amor, su misericordia y su salvación se extenderían a todos, pero nunca interferiría con su libre albedrío. Ofreció la paz a todos, pero muchos no la aceptaron porque la paz que ofrecía nacía del interior, una paz que surgía de las cenizas de la violencia interior en el corazón del hombre.

La negativa de algunos a aceptar la paz en Sus términos hizo que Jesús derramara lágrimas de angustia. La Escritura nos dice que "al acercarse y ver la ciudad, lloró por ella, y dijo: '¡Si al menos en este día tú también conocieras los caminos de la paz!' " (Lucas 19:41-42).

No era una paz hecha por el hombre lo que Jesús deseaba para Sus seguidores. Ese tipo de paz era efímera, pues dependía de la voluntad y la gratificación de los fuertes. Siempre implicaba el bien de algunos en detrimento de otros. No, la paz que Jesús deseaba para Sus amigos era un regalo, un regalo de Él mismo, un regalo que era parte de Él mismo.

"Les dejo la paz," les dijo "les doy mi paz. La paz que yo les doy no es como la que da el mundo... este es mi regalo para ustedes" (Juan 14:27). El único tipo de paz que el mundo puede dar es determinar quién de entre sus habitantes es el más fuerte y el más influyente, y luego los más débiles se apartan hasta que se hacen fuertes y todo el proceso de la guerra vuelve a empezar.

La codicia y el deseo de poder son la semilla que hace brotar la disensión y la guerra. Pocas veces la verdadera injusticia provoca una guerra justa. El primer Cristiano tuvo que desarraigar de su alma toda la codicia y la ambición mundana, y por eso el mundo fue incapaz de darle la paz, porque el Cristiano eliminó de su alma tanto la causa de la guerra como la falsa paz que proviene de la ausencia de agitación.

La fuente de paz para el Cristiano fue y es Jesús. Cuando Jesús dijo a Sus Apóstoles que se escandalizarían en Él y que cada uno iría por su lado, Él les dijo que no estaría solo, porque el Padre estaba con Él. Jesús había encontrado Su paz en el Padre, y como siempre estaba unido al Padre y veía al Padre en cada situación, nunca perdió Su paz interior.

Este era el secreto de Su paz: la unión con el Padre. Su paz no era de este mundo, y para dejarlo claro les dijo: "Les he hablado de estas cosas para que tengan paz en mí. Ustedes encontrarán la persecución en el mundo. Pero, ánimo, yo he vencido al mundo" (Juan 16:33).

Jesús conquistó el mundo al no permitirle ser la fuente de Su paz. El mundo no debía determinar cuándo tenía o no tenía paz. Su paz era un río seguro, que fluía siempre, y que le venía del Padre. Quería que Sus seguidores encontraran su paz en Él, así como Él encontró su paz en el Padre.

San Pablo dijo a los romanos que Cristo vino "a traer la Buena Noticia de la Paz" y que era nuestro "medio de reconciliación con el Padre". Estos Cristianos debían hacer todo lo posible "para conservar la unidad del Espíritu por la paz que los unía" (Efesios 2:16; 4:3; Colosenses 1:18, 20).

Para el escritor de la Epístola a los Hebreos la paz era una parte importante de la vida del Cristiano. Les decía, "Procuren estar en paz con todos y progresen en la santidad, pues sin ella nadie verá al Señor. Cuídense, no sea que alguno de ustedes pierda la gracia de Dios y alguna raíz amarga produzca brotes, perjudicando a muchos" (Hebreos 12:14-15).

La paz era el fundamento mismo de la vida cristiana, pues la paz los liberaba del rencor y la amargura que les impedía amar al prójimo y los privaba de la gracia.

Pedro explicó a los Cristianos la necesidad de buscar la paz cuando dijo: "El que de veras quiera gozar la vida y vivir días felices, guarde su lengua del mal y que de su boca no salgan palabras engañosas. Aléjese del mal y haga el bien, busque la paz y corra tras ella. Porque el Señor tiene los ojos puestos sobre los justos y los oídos atentos a sus peticiones; mas el Señor se opone a los que hacen el mal" (1 Pedro 3:10-12).

La base de la paz cristiana era la virtud, el dar fruto, y como Jesús era el que daba fruto en ellos, era la paz de Jesús lo que poseían. La paz no era fácil; era el fruto de la Morada Divina, el fruto del Espíritu del Señor.

La paz era preciosa para los primeros Cristianos; la buscaban no por sí misma, sino porque los mantenía abiertos para recibir la gracia de Jesús en sus almas y los preparaba para entrar en el Reino. "Con una esperanza así", les dijo Pedro, "queridos hermanos, esfuércense para que Dios los encuentre en su paz" (2 Pedro 3:14).

La paz formaba parte de todas las facetas de sus vidas. Pablo les dio a los filipinos un modelo de paz, que comenzaba con la alegría. Les dijo que quería que "estén siempre alegres en el Señor". Quería que fueran tolerantes y que nunca se preocuparan. Sobre todo, deseaba que cuando necesitaran algo, rezaran por ello, "en toda ocasión presenten sus peticiones a Dios y junten la acción de gracias a la súplica". Fue en esta actitud mental que Pablo les prometió un efecto maravilloso de esta confianza infantil. Les dijo: "La paz de Dios, que es mayor de lo que se puede imaginar, les guardará sus corazones y sus pensamientos en Cristo Jesús" (Filipenses 4:4, 6-7).

Vemos, pues, que la alegría en el Señor, la tolerancia sin amargura, la liberación de las preocupaciones y la confianza en la Providencia del Padre, les obtendrían esa paz que actuaba como guardia sobre sus pensamientos y sus corazones.

Una vez realizado este trabajo de base, les aconsejó que "fíjense en todo lo que encuentren de verdadero, noble, justo y limpio; en todo lo que es fraternal y hermoso, en todos los valores morales que merecen alabanza" (Filipenses 4:8).

La paz del Cristiano primitivo era una profunda unión con Dios como Padre, Jesús como Señor y el Espíritu como Santificador. Elevaba su mente al Padre y bebía en la comprensión de que este gran Dios era verdaderamente su Padre.

Dejó que el pensamiento de la paternidad de Dios penetrara en su alma hasta que descansó en ella como un niño en los brazos de su madre: seguro y sin miedo. El poder para soportar las pruebas de la vida acompañó a esta comprensión, pues si "¿Qué más podemos decir? Si Dios está con nosotros, ¿quién estará contra nosotros?" (Romanos 8:31).

El Cristiano entraba en el Espíritu de Jesús y dejaba que Su dulzura penetrara en su alma. No sólo pensó en Jesús; se "vistió de Su mente". Dejó que el amable y misericordioso Jesús se apoderara de su vida hasta el punto de pensar como Él y amar como Él. No se conformó con rezar a Jesús; dejó que Jesús diera fruto en él entregando toda su vida a Él. El Jesús apacible vivía en él, y erradicaba todo lo que en su vida impedía que ese Cristo apacible y bondadoso irradiara.

El primer Cristiano no se cansaba de contemplar el misterio de que su alma era un Templo del Espíritu Santo. Era muy consciente de que ese Templo no debía ser profanado de ninguna manera. Lo adornaría con la belleza del amor, la paz, la alegría, la bondad, la compasión, la misericordia y el autocontrol. Lo barrería si el lodo del pecado llegara a estropear su belleza y, sobre todo, la atmósfera que rodeaba ese Templo sería de paz. No se permitía que ninguna turbulencia se instalara allí.

Cuando las tormentas eran inevitables, cerraban las puertas y ventanas de ese Templo—sus mentes y corazones—y se mantenían cerca del Huésped de sus almas, el Espíritu del Señor. Mantenían su paz, porque en esa paz había un escudo contra el Enemigo.

Cuando temieron el futuro, entraron en Su Providencia y mantuvieron la paz.

Cuando estaban enojados y desilusionados, entraron en Su Mansedumbre y mantuvieron su paz.

Cuando sufrieron dolor y persecución, entraron en Su Sabiduría y mantuvieron la paz.

Cuando pecaron y se sintieron abandonados, entraron en Su Misericordia y mantuvieron su paz.

Cuando la muerte se cernía sobre ellos, pensaron en Sus promesas y mantuvieron la paz.

Sus vidas debían estar tan unidas a la Voluntad de Dios que nada perturbaría su paz. Cada vez que Jesús se aparecía a Sus Apóstoles después de la Resurrección, los saludaba con: "¡La paz sea con vosotros!". Era como si les recordara constantemente el don que les había legado. Su Resurrección era para ellos la prueba de que era verdaderamente el Hijo de Dios y de que sus promesas eran verdaderas; la esperanza que ofrecía era segura; la fe que inspiraba era real. Todo esto les aseguraba la paz, pues venía de Él, el Dios inmutable, y nada debía perturbar esa paz.

La primera vez que se apareció a Sus Apóstoles, cuestionó los motivos de sus almas perturbadas. "¿Por qué se desconciertan? ¿Cómo se les ocurre pensar eso?" (Lucas 24:38). La agitación y las dudas destruyeron su paz, y su Maestro les preguntó: "¿Por qué?". Si realmente creían en todo lo que Él les decía, entonces ¿por qué estaban perturbados?

Sentimos compasión por estos Apóstoles, que fueron testigos de tales crueldades sobre su Maestro. Comprendemos sus dudas cuando Aquel en quien pusieron sus esperanzas les fue arrebatado de repente y todo parecía perdido. Sí, nosotros, pobres seres humanos no ilustrados, lo entendemos, pero Jesús no!

Les había explicado muchas veces que era necesario que sufriera y muriera, pero que resucitaría al tercer día. Estaba agradecido por el amor que mostraban por Su dolor y Su pena, pero no entendía por qué no esperaban ansiosamente Su Resurrección.

Si les recompensó por visitar a los enfermos, cuánto más les recompensaría por ser compasivos con Su Pasión. Su compasión no era su queja, sino el hecho de que su dolor era egoísta. Estaba mezclada con la pérdida de la Esperanza, con la comprensión de que la gloria mundana que creían suya había desaparecido y que Jesús no era un líder militar que los liberaba de la tiranía. Este tipo de dolor egoísta borró completamente de sus mentes el pensamiento de Su Resurrección, y como resultado, las dudas y la agitación les quitaron la paz.

A nosotros nos ocurre lo mismo que a los primeros Cristianos. Somos seres humanos y sentimos dolor, pena, separación y decepción, pero no podemos permitir que estas pruebas perturben nuestra paz. No hay que permitir que nada nos quite la Esperanza en Su Palabra, en Sus Promesas y en Su

Resurrección. En Él poseemos nuestra paz, en Él está nuestra Esperanza, en Él está nuestra Fe, y en Él está nuestro corazón.

Él espera que tengamos tal Fe que podamos mover las montañas de duda que obstruyen la visión de Su Rostro.

Él espera que tengamos tal Esperanza que ninguna decepción, angustia o dolor nos desanime.

Él espera que tengamos tal Amor que no deseemos nada en este mundo sino Su Santa Voluntad.

Él quiere que tengamos tal Paz que ni el Enemigo, ni el mundo, ni nuestros propios deseos egoístas puedan perturbar Su presencia en nuestras almas.

La paz es un don que debemos perseguir siempre y, una vez que lo hayamos encontrado, mantenerlo firme porque es parte de Él. Con Él en nosotros nada es lo suficientemente grande, nada es lo suficientemente grande, nada es lo suficientemente importante como para que perdamos Su Presencia.

La Paz y la Presencia van juntas. Puede que no sintamos Su Presencia, pero Su Amor podador preservará nuestra Paz.

Podemos tener dolor, pero Su Presencia mantendrá nuestra Paz.

Los hombres del mundo pueden odiarnos, pero Su Paz evitará que nuestras almas sean deformadas por el odio.

Podemos estar hambrientos, sedientos, sin hogar ni terreno, pero Su Paz protegerá nuestras almas del frío del descontento y la amargura.

Podemos estar enojados por la injusticia, pero Su Paz nos dará paciencia para esperar que Su Justicia prevalezca.

Podemos ser tontos a los ojos del mundo, pero Su Paz nos hará permanecer firmes y sin miedo.

Para los habitantes del mundo, la Paz es la ausencia de guerra, la ausencia de fracaso, la ausencia de agitación, la ausencia de dolor, la ausencia de sufrimiento, la ausencia de hambre y sed, y la ausencia de injusticia.

Para los que conocen a Jesús, la Paz es Su Presencia en sus almas cuando fracasan, cuando se encuentran en la confusión, cuando sufren, cuando tienen dolor, cuando sufren la injusticia y cuando los hombres ambiciosos les hacen la guerra.

Para el mundo, la Paz es una ausencia de cosas molestas, pero para el Cristiano es la Presencia de Jesús en sus almas lo que los eleva por encima de las cosas.

Esta es otra razón por la que la Paz que Él ofrece no puede ser dada por el mundo, pues una forma de Paz depende de una Presencia y otra de una ausencia.

Su Presencia y Su Paz son regalos para nosotros y debemos aferrarnos a esos regalos. Nada puede ser preferido a ellos y nada puede perturbar esa unión de mente y corazón.

La paz fue para los primeros Cristianos y será para los Cristianos de los últimos días, una Presencia permanente que les hace ver a Dios como Padre, amar cuando no son amados a cambio, mantenerse firmes en la persecución, discernir la diferencia entre el bien y el mal, desprenderse de las cosas de este mundo, poseer un espíritu de oración y ser siempre conscientes de la Morada Divina.

Era esta clase de Paz la que el Cristiano primitivo deseaba a todos cuando decía: "La paz sea con vosotros" y "La paz a esta casa".

"Que de Dios, nuestro Padre, y de Cristo Jesús, el Señor, les lleguen la gracia y la paz" (Romanos 1:7).

Oraciones de Madre Angélica

Jornada en la Oración

Introducción

La necesidad de dar culto y alabanza a Dios en común se satisface el domingo con nuestra Misa; y nuestro amor mutuo se fortalece con la recepción de la Eucaristía, el Sacramento del Amor. Las gracias recibidas a través de los Sacramentos dan testimonio a nuestro prójimo de la Presencia viva del Señor en medio de nosotros. La comunidad orante que ha adorado al Señor y ha recibido su Cuerpo y su Sangre el domingo, debe sostenerse a lo largo de la semana mediante un compartir mutuo, que se manifiesta en los actos de amor corporal y espiritual y en la producción de frutos que menciona el capítulo quinto de Gálatas: Amor, Alegría, Paz, Paciencia, Amabilidad, Bondad, Confianza, Mansedumbre, Autocontrol.

El Espíritu nos guía a cada uno de nosotros de diversas maneras: algunos expresan mejor su adoración y sus necesidades al Padre mediante oraciones formales, como las novenas, el rosario bíblico y el uso de libros de oración.

Hay algunos que oran por el estudio de las Escrituras, donde pueden alimentar sus almas con Sus Palabras.

Otros, por su parte, rezan mejor a solas, tanto en la intimidad de sus hogares como en los recovecos secretos de sus almas.

En estos días de estrés y cambio, muchos miembros de la comunidad parroquial orante encuentran consuelo y tranquilidad al reunirse para expresar sus necesidades y compartir sus alegrías.

No es importante la forma en que uno se sienta guiado a orar, ya que la mejor forma de orar es la forma en que uno ora mejor. Sólo es importante que cada uno de los miembros de la comunidad de oración comprenda que su oración es esencial para el crecimiento, el desarrollo y la santidad tanto del Pastor como del rebaño, "ya que todos somos parte del mismo cuerpo" (Efesios 4:25). La diversidad de dones glorifica al Padre; el compartir mutuo de los dones enriquece el Cuerpo de Cristo; y el crecimiento continuo de estos dones, en cualquier forma que uno sea conducido, da testimonio del Poder Santificador del Espíritu Santo.

A través de la Providencia de Dios, los siguientes formatos de oración fueron compuestos para ayudar a la comunidad de orantes a lograr una relación más cercana con Dios y el prójimo, una relación alimentada por los Sacramentos y sostenida a través de la oración. Estos formatos pueden ser utilizados tanto en comunidad como en privado.

Una explicación

El Señor nos animó a rezar por nuestras necesidades espirituales cuando dijo: "Pidan y se les dará; busquen y hallarán; llamen y se les abrirá la puerta" (Mateo 7:7). Los siguientes pasos están diseñados para que la comunidad orante lleve al Pueblo de Dios a estos tres niveles de Oración.

El primero, que consta de tres formatos, se titula "Pidan y se les dará". Es un Programa para principiantes, cuando un alma se da cuenta de que algo falta en su vida cristiana, y comienza a hacerse algunas preguntas, como: "¿Me ama Dios?" "Si es así, ¿qué hacer al respecto?", y "¿Puedo amarle a cambio?"

Los formatos de este programa son para responder a estas preguntas del alma inquieta:

Formato I: Dios me ama.

Formato II: Arrepentimiento

Formato III: Esperanza

Los formatos son meramente orientativos, y pueden cambiarse en cuanto a tema, pensamientos, pasajes de la Escritura, etc. El líder debe orar por el discernimiento para determinar las necesidades del grupo en la elección de nuevos temas y Escrituras.

El segundo: "Busquen, y encontrarán". Este programa de tres formatos está orientado a una cooperación activa con el Espíritu para llegar a una mayor semejanza con Cristo en nuestra vida diaria. El alma encuentra a Dios en el amor y busca ser como Él en todas las facetas de la vida. Se trata de un Programa de "Cómo", tanto en lo que Dios ha hecho por el alma como en lo que el alma hace por Dios. Por ello, sus tres formatos se titulan:

Formato I: Mi relación conmigo mismo

Formato II: Mi relación con mi familia

Formato III: Mi relación con el prójimo

El tercero: "Llamen y se les abrirá". Este programa de ocho formatos explica lo que un Cristiano recibió en el bautismo: los siete dones del Espíritu Santo. El alma debe ser consciente del potencial que tiene para una gran santidad. Esta gracia le fue dada por la Misericordia del Padre, el Sacrificio del Hijo y el Amor del Espíritu Santo.

También hay una sección de "Cómo" para cada Don, poniendo énfasis en las herramientas (Dones) que ya poseemos y necesitamos desarrollar.

El último formato lleva al alma a un plano superior, con más Escritura, más reflexión, la celebración de la Eucaristía y el testimonio del fruto de los Siete Dones del Espíritu en nuestras vidas.

Cómo se puede utilizar esta guía

Estas Jornadas pueden utilizarse de varias maneras:

- Como meditaciones para la oración privada
- Como oración familiar
- Como retiros en casa
- Como programa de crecimiento espiritual
- Como formatos para las comunidades de oración de principiantes, intermedios y avanzados

Parte I: "Pidan y recibirán"

EL AMOR DE DIOS

La oración como realización del amor de Dios por mí.

La palabra "oración" significa muchas cosas para muchas personas. Para algunos significa pedir "cosas": salud, éxito. Para otros, significa arrepentimiento, implorar la misericordia de Dios por sus pecados e infidelidades. Para muchos, la oración es alabanza y acción de gracias. Para la mayoría de la gente es un grito en tiempos de angustia.

La oración es todo esto, pero, es más. Es una Unión de Amor: El Amor de Dios y tu amor; es una conciencia del amor de Dios por ti: Su amor personal. Para comprender este amor, reflexiona unos instantes sobre los siguientes pensamientos (una pausa de unos instantes después de cada pensamiento):

- Dios me ama como si no existiera nadie más.
- Su amor por mí es indescriptible.
- Él me conocía y me amaba antes de crear nada.
- Soy importante para Dios; por eso envió a Su Hijo a vivir y morir por mí.
- Él me hizo Su morada en el Bautismo.

- Él alimenta mi alma con su propio Cuerpo y Sangre en la Eucaristía.
- Dios habita en mí y espera con anhelo mis expresiones de amor.

Lecturas de las Escrituras

Cierra los ojos y date cuenta de que el Padre te habla directamente.

> Con amor eterno te he amado, por eso prolongaré mi cariño hacia ti (Jeremías 31:3)

> Antes de formarte en el vientre te conocí;
> antes de que nacieras te consagré...
> No les tengas miedo,
> porque estaré contigo para protegerte (Jeremías 1:5, 8)

> ¿Puede una mujer olvidarse del niño que cría,
> o dejar de querer al hijo de sus entrañas?
> Pues bien, aunque alguna lo olvidase,
> yo nunca me olvidaría de ti.
> Mira cómo te tengo grabada en la palma de mis manos,
> y nunca dejé de pensar en tus murallas (Isaías 49:15-16)

Yo me fijé en ti y te elegí.
No temas, pues yo estoy contigo; no mires con desconfianza, pues yo soy tu Dios;
Yo te he dado fuerzas, he sido tu auxilio,
y con mi diestra victoriosa te he sostenido.
Todos los que se lanzan contra ti
serán avergonzados y humillados;
tus adversarios
serán reducidos a la nada y perecerán.
Yo, soy tu Dios;
te tomo de la mano y te digo:
No temas,
que yo vengo a ayudarte (Isaías 41:10-13).

No temas, porque yo te he rescatado;
te he llamado por tu nombre, tú eres mío.
Si atraviesas el río, yo estaré contigo
y no te arrastrará la corriente.
Si pasas por medio de las llamas, no te quemarás,
ni siquiera te chamuscarás.
Pues yo soy tu Dios (Isaías 43:1-3).

Hasta su vejez yo seré el mismo,
y los apoyaré hasta que sus cabellos se pongan blancos.
Ya lo he hecho, te he cargado,
los sostendré y los libertaré (Isaías 46:4).

Mi gusto es estar con los hijos de Adán (Proverbios 8:31).

Enseñar y/o compartir los pensamientos y la manifestación del Amor de Dios en la vida de cada uno (para aquellos que deseen hacerlo). Aunque no es necesario compartirlo, es una gran ayuda a otros a ver ejemplos de cómo Dios trabaja en su vida personal.

Canción relacionada con el amor de Dios

Arrepentimiento

Cuando empiezo a darme cuenta del tremendo amor de Dios, siento la necesidad de devolver ese amor, un deseo de ser limpiado de todo lo que hay en mí que no es como Dios. Miro la imagen perfecta del Padre, Cristo, y me doy cuenta de que no soy como Él. El parecido es débil y quiero que sea más perfecto.

¿Qué hago, qué se interpone en mi camino para convertirme en otro Cristo? Cristo está dentro de mí, esperando que le deje brillar. ¿Qué nubes oscuras se interponen entre Cristo y yo, impidiendo que mi prójimo vea al Hijo de Dios?

Por unos momentos comparémonos con Cristo.

Soy orgulloso; me atribuyo todo lo que hago a mí mismo: mis talentos, mi éxito, mis obras, pero Jesús dio crédito al Padre por toda su obra. Él dijo: "El Hijo no puede hacer nada por su cuenta" (Juan 5:19), por lo que irradiaré a Cristo reconociendo que todo lo bueno que hay en mí viene de Jesús (*pausa*).

Soy crítico; encuentro fallos en mi prójimo, juzgando mal sus motivos, pero Jesús dijo: "Aquel de ustedes que no tenga pecado, que le arroje la primera piedra" (Juan 8:7) y "Padre, perdónalos, porque no saben lo que hacen" (Lucas 23:34), así que irradiaré a Cristo haciendo un verdadero esfuerzo por ver el bien en mi prójimo, y amándolo tal como es (*pausa*).

Soy impaciente; me enfado cuando las cosas no salen como yo quiero, pero Jesús fue paciente con las faltas de los Apóstoles, con la presión de las multitudes y con el odio de sus enemigos, por lo que irradiaré a Cristo siendo compasivo con las faltas de los demás y tranquilo en las situaciones perturbadoras, viendo una oportunidad para imitar a Cristo (*pausa*).

Soy ambicioso: no me importa a cuántas personas hago daño para llegar al éxito, pero Jesús dijo: "Busquen más bien el Reino, y se les darán también esas cosas" (Lucas 12:31), así que irradiaré a Cristo utilizando mis talentos lo mejor que pueda para extender el Reino y obtener el bien de mi prójimo (*pausa*).

Soy temeroso: temo a la muerte, a la soledad, a la enfermedad, al fracaso y al futuro, pero Jesús dijo: "No se turben" (Juan 14:1) y "Voy a prepararles un lugar" (Juan 14:2) y "Vengan a mí... y los haré descansar" (Mateo 11:28), por lo que irradiaré a Cristo actuando de acuerdo con Su Palabra, y teniendo la seguridad de que Él cuidará de mí (*pausa*).

Me cuesta perdonar y olvidar, pero Jesús dijo: "Porque si ustedes perdonan a los hombres sus ofensas, también el Padre celestial les perdonará a ustedes. Pero si ustedes no perdonan a los demás, tampoco el Padre les perdonará a ustedes" (Mateo 6:14-15), así que voy a irradiar a Cristo siendo el primero en perdonar, y demostrando con algún gesto de reconciliación que he olvidado (*pausa*).

Reflexión

Acabas de comparar tus acciones con las de Jesús. Ahora, durante unos instantes, dale al Espíritu la oportunidad de llevarse tus cargas interiores y tus recuerdos perturbadores, esos sentimientos que te impiden irradiar plenamente a Cristo. Cierra los ojos y toma a Jesús de la mano. Mira lo que te perturba, pero míralo con los ojos de Jesús. Mira con Sus ojos; ama con Su Corazón; y perdona con Su Misericordia.

> *Jesús mío, ha habido muchas heridas en mi vida, y todavía las siento. Derrítelos con tu amor, para que no me duela más. Pongo mi mano en la tuya y me siento seguro y sin miedo.*

Lecturas de las Escrituras

> Ahora Dios les dice: Vengan, para que arreglemos cuentas.
> Aunque sus pecados sean colorados,
> quedarán blancos como la nieve;
> aunque sean rojos como púrpura, se volverán como
> lana blanca (Isaías 1:18).

Yo mismo les enseñé a caminar;
Los tomé en mis brazos;
Sin embargo, no han entendido que fui yo quien
cuidando de ellos.
Los guie con las riendas de la bondad,
Con cuerdas conductoras de amor.
Era como alguien que levanta a un bebé cerca contra
su mejilla;
Inclinándome hacia él le di su comida.
¿Cómo podría separarme de ti?
¿Cómo podría renunciar a ti?
Mi corazón retrocede ante ello...
Todo mi ser tiembla al pensarlo. (Vea Oseas 11:3-4, 8)

He disuelto tus pecados como una neblina,
y tus faltas como se deshace una nube.
Vuélvete a mí, pues yo te he rescatado
(Isaías 44:22).

Se habían ido llorando,
Partieron en medio de lágrimas, pero los hago
regresar contentos;
los voy a llevar a los arroyos

por un camino plano para que nadie se caiga.
u alma será como un huerto bien regado,
y no volverán más a estar desganados.
cambiaré su tristeza en alegría,
los consolaré, los haré reír después de sus penas.
Daré a los sacerdotes harta manteca
y mi pueblo quedará satisfecho con mis regalos,
Deja de lamentarte,
y seca el llanto de tus ojos,
ya que tu prueba tendrá su recompensa (Jeremías 31:9, 12, 13 y 16).

Te había abandonado un momento,
pero con inmensa piedad yo te vengo a reunir.
En unos momentos de ira
te oculté mi rostro,
pero con amor que no tiene fin me apiado de ti,
dice Dios, que te viene a rescatar (Isaías 54:7-8).

Enseñar y/o compartir pensamientos, o
dar testimonio de la Misericordia de Dios en tu vida.

Canción

ESPERANZA

En el Cielo veremos a Dios cara a cara, así que la fe desaparece. En el Cielo poseeremos a Dios, por lo que la esperanza desaparece. En el Cielo amaremos a Dios como Él se ama a sí mismo—así que el amor permanece. La Fe, la Esperanza y el Amor en la tierra, y la Visión, la Posesión y la Unión con Dios en el Cielo, no son dos vidas separadas que vivimos, sino simplemente dos etapas de la misma vida.

En la tierra se nos da la Fe para ver a Dios ahora. En la tierra se nos da la Esperanza para poseer a Dios ahora. En la tierra se nos da el Amor para crecer en unión con Dios ahora. El Reino de los Cielos comienza ahora y sólo varía en grado.

Reflexiona unos instantes sobre cada uno de los siguientes pensamientos:

- La Santísima Trinidad hizo su hogar en mí en el Bautismo y debo realizar su Presencia.
- A través de los Dones del Espíritu Santo, recibidos en la Confirmación, se me dio el poder de dar testimonio, por la santidad de vida, de Su Presencia entre nosotros.

- Debo aceptar el poder curativo de la Penitencia, el sacramento de la Reconciliación, como ungüento para las faltas profundas.
- ¿Soy consciente de la Presencia Permanente de Jesús en mi alma después de que las Sagradas Especies de la Eucaristía hayan desaparecido?
- Debo escuchar como Dios habla a mi alma a través de buenos pensamientos, inspiraciones e intuiciones.
- He sido elegido por Dios para convertirme en un santo; esta es Su Voluntad.
- Estoy destinado a ser eternamente feliz. Empezaré ahora, porque todo el Cielo vive en mí.

Lecturas de las Escrituras

Todos llevamos los reflejos de la gloria del Señor sobre nuestro rostro descubierto, cada día con mayor resplandor, y nos vamos transformando en imagen suya, por ser ésta la obra del Señor-espíritu (2 Corintios 3:18)

Con todo, llevamos este tesoro en vasos de barro, para que esta fuerza soberana se vea como obra de Dios y no nuestra (2 Corintios 4:7)

Que les ilumine la mirada interior, para apreciar la esperanza a la que han sido llamados por Dios, la herencia tan grande y gloriosa que reserva Dios a sus santos, 19 y la fuerza incomparable con que actúa en favor de los que creemos (Efesios 1:18-19)

Que él se digne, según la riqueza de Su Gloria, fortalecer en ustedes, por su Espíritu, al hombre interior. Que Cristo habite en sus corazones por la fe, que estén arraigados y edificados en el amor. Que sean capaces de comprender, con todos los creyentes, la anchura y altura y profundidad... y que conozcan este amor de Cristo que supera todo conocimiento (Efesios 3:16-18)

Oí una voz que clamaba desde el trono: "Esta es la morada de Dios con los hombres; él habitará en medio de ellos; ellos serán Su pueblo y él será Dios-con-ellos; él enjugará las lágrimas de sus ojos. Ya no habrá muerte ni lamento, ni llanto ni pena, pues todo lo anterior ha pasado" (Apocalipsis 21:3-4)

Estén siempre alegres, oren sin cesar y den gracias a Dios en toda ocasión... Que el Dios de la paz los haga santos en toda su persona. Que se digne guardarlos sin reproche en su espíritu, su alma y su cuerpo hasta la venida de Cristo Jesús, nuestro Señor. El que los llamó es fiel y así lo hará (1 Tesalonicenses 5:16-18, 23-24).

Enseñar sobre la Esperanza, y/o compartir de la alegría del corazón.

Canción

Parte II: "Busquen y encontrarán"

Salmo o cualquier Canción

MI RELACIÓN CONMIGO MISMO

Consideración

Si he de amar a mi prójimo como a mí mismo, primero debo llegar a comprender mi propia dignidad: mi alma es inmortal, fue creada a imagen y semejanza de Dios, fue redimida por la vida y la muerte del Hijo de Dios y, por la gracia, es la morada de la Trinidad. Soy un hijo de Dios, destinado a la Gloria Eterna;

por tanto, soy importante para Dios por todo lo que ha hecho por mí.

Reflexión silenciosa sobre la consideración anterior (aproximadamente cinco minutos)

Letanía

Líder: Por crear mi alma a tu imagen y parecer—

La gente: Te agradezco, Dios mío.

Líder: Por velar por mí como una madre a su único hijo—

La gente: Te agradezco, Dios mío.

Líder: Por mantenerme en existencia—

La gente: Te agradezco, Dios mío.

Líder: Por darme los tesoros de la naturaleza para mi disfrute—

La gente: Te agradezco, Dios mío.

Líder: Por amarme lo suficiente como para podarme—

La gente: Te agradezco, Dios mío.

Líder: Por darme Tu Presencia viva en los Sacramentos—

La gente: Te agradezco, Dios mío.

Quienes lo deseen pueden añadir sus propias invocaciones, al que el pueblo repite el estribillo.

Canción

Meditación: El bautismo

En el bautismo recibí la gracia, esa cualidad que me hace partícipe de la misma naturaleza de Dios. Si pudiera ver un alma revestida de gracia, sería una cosa de tal belleza y esplendor que pensaría que es Dios. Estoy hecho santo con la misma santidad de Dios. Nunca estoy solo, pues siempre poseo dentro de mí a las Tres Personas Divinas, que permanecen conmigo y viven en mí.

Mi deber para conmigo mismo consiste en fortalecer mi Fe mediante un esfuerzo diario para ser más consciente de esta Morada Divina; en una mayor seguridad (Esperanza) de que Jesús en mí dará fruto en abundancia; y en una comprensión más profunda del Amor transformador del Espíritu Santo.

Reflexión en silencio (aproximadamente cinco minutos)

Intercambio de ideas sobre cómo podemos mejorar reflejar a Cristo en nuestra vida cotidiana

Lecturas de las Escrituras

Te vi luchando en tu sangre mientras pasaba, y te dije: Vive y crece como la hierba del campo. Te desarrollaste y creciste pero estabas muy desnudo. Entonces te vi al pasar. Entonces pasé cerca de ti y te vi; era el tiempo de los amores, eché sobre ti mi manto, [elegida] cubrí tu desnudez y te hice un juramento. Hice una alianza contigo [vida sobrenatural a través del Bautismo], palabra de Dios, y tu pasaste a ser mía. Te bañé con agua, lavé tu sangre y te perfumé con aceite. [Confirmación] Te vestí con ropajes bordados, [Gracia], con calzado de cuero fino, puse en tu cabeza un velo de lino y de seda, te adorné con joyas, [Dones del Espíritu Santo], puse brazaletes en tus muñecas, un collar en tu cuello, un anillo en tu nariz, aros en tus orejas, y para tu cabeza una espléndida diadema. Era una belleza perfecta gracias a mi esplendor que derramaba sobre ti (Ezequiel 16:6-14)

Miren qué amor tan singular nos ha tenido el Padre: que no sólo nos llamamos hijos de Dios, sino que lo somos (1 Juan 3:1)

Ustedes ahora son hijos, y como son hijos, Dios ha mandado a nuestros corazones el Espíritu de su propio Hijo que clama al Padre: ¡Abbá!, o sea: ¡Padre! De modo que ya no eres esclavo, sino hijo, y siendo hijo, Dios te da la herencia (Gálatas 4:6-7)

Debate sobre las lecturas bíblicas

Renovación de los votos bautismales

Yo, N., que por la tierna misericordia del Padre Eterno tuve el privilegio de ser bautizado "en el nombre del Señor Jesús" (Hechos 19:5), y de participar así en la dignidad de Su Divina Filiación, deseo ahora, en presencia de este mismo Padre amoroso y de Su Hijo unigénito, renovar con toda sinceridad las promesas que hice solemnemente en el momento de mi santo bautismo.

Por lo tanto, ahora renuncio de nuevo a Satanás. Renuncio a todas sus obras; renuncio a todas sus seducciones.

Canción

Mi relación con mi familia

Salmo o canción

Consideración

Cuando Cristo tomó sobre sí nuestra naturaleza humana, se hizo carne de nuestra carne, hueso de nuestro hueso, y así es en la Familia. Cada miembro de la familia pertenece de manera especial a los demás miembros y a Cristo. Mi relación con mi familia debe ser de amor y de humilde obediencia. Debo entregarme generosa y totalmente, sin escatimar y sin reservas.

Dios me ha dado una misión especial para mi Familia, que sólo yo puedo cumplir. Debo animar, sostener, soportar, disculpar, amar y "estar entre ellos como quien sirve". No puedo llevar a Cristo a mi prójimo y al mundo si antes no se lo he dado a mi Familia.

Reflexión en silencio sobre las formas de irradiar a Cristo a mi familia

Letanía

Líder: Que pueda apreciar lo que los miembros de mi familia hace por mí,

La gente: Señor, muéstrame el camino.

Líder: Que pueda excusar, pasar por alto o corregir, como mi deber exige,

La gente: Señor, muéstrame el camino.

Líder: Para que sea una alegría y un consuelo para mis seres queridos,

La gente: Señor, muéstrame el camino.

Líder: Para que pueda ser compasivo y útil en tiempos de enfermedad y crisis,

La gente: Señor, muéstrame el camino.

Líder: Para que pueda ser una persona obediente, humilde y miembro responsable de mi familia

La gente: Señor, muéstrame el camino.

Se pueden añadir invocaciones adicionales de forma espontánea.

Canción

Meditación

Dios ha destinado desde toda la Eternidad que yo pertenezca a la familia en la que me ha colocado. Yo los necesito y ellos me necesitan. Cada uno de nosotros ayuda a los demás a ser santos, y así cumplir con nuestro destino eterno. Debo darme cuenta de que las diferencias de temperamento, opiniones y personalidades entre nosotros presentan oportunidades para moldear y desarrollar mi carácter por la forma en que las uso. Le debo a mi familia mi lealtad, devoción y oración, para que juntos alcancemos la plenitud de Cristo.

Reflexión en silencio (aproximadamente cinco minutos)

Compartir ideas para mejorar las relaciones familiares

Lecturas de las Escrituras

Expresen su respeto a Cristo siendo sumisos los unos a los otros. Sométanse así las esposas a sus maridos, como al Señor. El hombre es cabeza de la mujer, como Cristo es cabeza de la Iglesia, cuerpo suyo, del cual es asimismo, salvador. Que la esposa, pues, se someta en todo a su marido, como la Iglesia se somete a Cristo. Maridos, amen a sus esposas como Cristo amó a la Iglesia y se entregó a sí mismo por ella. Después de bañarla en el agua y la Palabra para purificarla, la hizo santa, pues quería darse a sí mismo una Iglesia radiante, sin mancha ni arruga ni nada parecido, sino santa e inmaculada...

Hijos, obedezcan a sus padres, pues esto es un deber: Honra a tu padre y a tu madre. Es, además, el primer mandamiento que va acompañado de una promesa: para que seas feliz y goces de larga vida en la tierra. Ustedes, padres, no sean pesados con sus hijos, sino más bien edúquenlos usando las correcciones y advertencias que pueda inspirar el Señor (Efesios 5:21-27 y 6:1-4).

Renovación del compromiso familiar

Señor, Dios y Padre, tomo a esta familia que me has dado como propia, para tenerla y sostenerla, en la salud y en la enfermedad, en la riqueza y en la pobreza, en lo bueno y en lo malo. Prometo amarlos, honrarlos y cuidarlos como preciosos regalos de tus manos. Enséñanos a crecer juntos en santidad de vida para que algún día podamos compartir juntos Tu Gloria.

Canción

Mi relación con mi vecino

Salmo o canción

Consideración

Cristo ha dicho: "Yo soy la vid y ustedes los sarmientos" (Juan 15:5). Por el Bautismo, cada uno de nosotros es un sarmiento vivo, y todos recibimos nuestra vida de la misma fuente, Cristo; nos pertenecemos unos a otros en una unión espiritual profunda y misteriosa, una unión más grande que cualquier vínculo humano, porque el lazo que nos une es el Espíritu Santo, que difunde Su gracia y Sus dones a cada miembro por medio de Cristo.

Imaginemos por unos instantes un hermoso árbol. Es un árbol espiritual pero similar en todo a un árbol natural. Las raíces de este árbol están hundidas muy profundamente en la tierra de la humildad; estas raíces que brotan en varias direcciones son los muchos actos de Fe y Esperanza en tu vida. El tronco de este árbol es Cristo, y tú eres injertado por el Padre en este tronco y te conviertes en una rama viva.

Este árbol se nutre y se alimenta del Espíritu Santo mediante los Sacramentos, especialmente la Eucaristía y el Sacramento de la Reconciliación, y mediante las virtudes y las buenas obras. Cada rama es alimentada por el mismo alimento, y cada rama da fruto en la medida en que toma el alimento vivificante. Las raíces, el tronco, las ramas y los frutos se necesitan mutuamente y contribuyen a que el árbol sea hermoso para que el Padre lo contemple.

Reflexión en silencio (aproximadamente cinco minutos)

Letanía

Líder: Para que me dé cuenta de la dignidad de mi prójimo,

La gente: Señor, que pueda ver.

Líder: Para que sea más consciente de lo invisible Realidades,

La gente: Señor, que pueda ver.

Líder: Para que sea más consciente de tu necesidad de mí en la Iglesia,

La gente: Señor, que pueda ver.

Líder: Para que pueda penetrar en el misterio de Su amor en los sacramentos,

La gente: Señor, que pueda ver.

Líder: Para que tenga el valor de comprometerme a la obra de tu Espíritu,

La gente: Señor, que pueda ver.

Las invocaciones personales a la luz pueden ser añadidas, con la respuesta de todos.

Canción

Compartir reflexiones sobre nuestra relación con los demás

Meditación

"Les doy un mandamiento nuevo: que se amen los unos a los otros" (Juan 13:34).

Es fácil cumplir este Mandamiento si me doy cuenta de que el mismo principio vivificador corre por cada uno de nosotros, y que estamos unidos en Cristo por el Amor del Espíritu Santo, viviendo, creciendo y desarrollándose juntos.

Pensamientos que pueden ayudarme a desarrollar un amor más profundo por mi prójimo:

- Si no puedo excusar sus acciones, permítanme al menos no juzgar sus motivos.

- Debo soportar las faltas de los demás con calma y amabilidad teniendo en cuenta la viga en mi propio ojo.
- Intentaré descubrir lo bueno de mi prójimo, aunque esté eclipsado por muchos defectos.
- Debo perseverar en hacer el bien incluso ante la ingratitud.
- Me adaptaré a las mentalidades, preferencias y necesidades de mi prójimo y adquiriré el hábito de escuchar. A imitación de Cristo, me sacrificaré generosamente por el bien de los demás.
- Cuando alguien despierte mi ira, rezaré inmediatamente por él y recuperaré la paz de mi alma.

Canción

Oración compartida y/o espontánea

Lecturas de las Escrituras

Pues no nos estamos enfrentando a fuerzas humanas, sino a los poderes y autoridades que dirigen este mundo y sus fuerzas oscuras, los espíritus y fuerzas malas del mundo de arriba.

Por eso pónganse la armadura de Dios, para que en el día malo puedan resistir y mantenerse en la fila valiéndose de todas sus armas. Tomen la verdad como cinturón y la justicia como coraza; estén bien calzados, listos para propagar el Evangelio de la paz. Tengan siempre en la mano el escudo de la fe, y así podrán atajar las flechas incendiarias del demonio. Por último, usen el casco de la salvación y la espada del Espíritu, o sea, la Palabra de Dios. Vivan orando y suplicando. Oren en todo tiempo según les inspire el Espíritu. Velen en común y perseveren en sus oraciones sin desanimarse nunca, intercediendo en favor de todos los santos, sus hermanos. (Colosenses 3:12-17)

Hermanos, les rogamos que se muestren agradecidos con los que trabajan para ustedes, los dirigen en el Señor y los corrigen. Ténganles mucho aprecio y cariño por lo que hacen. Vivan en paz entre ustedes. Les rogamos también, hermanos, que reprendan a los indisciplinados, animen a los indecisos, sostengan a los débiles y tengan paciencia con todos. Cuiden que nadie devuelva a otro mal por mal, sino constantemente procuren el bien entre ustedes y con los demás. Estén siempre alegres, oren sin cesar y den gracias a Dios en toda ocasión; ésta es, por Voluntad de Dios, su vocación de Cristianos (1 Tesalonicenses 5:12-18)

Aceptar la Unción de mi Confirmación

Yo, N., acepto el poder del Espíritu Santo, cuyo sello he recibido en mi Confirmación. Deseo dar alegremente testimonio ante los hombres del Sufrimiento, Muerte y Resurrección de nuestro Señor Jesucristo. Trataré de reflejar con la santidad de vida la Bondad de Cristo y el Poder de Su Espíritu.

Líder: El Espíritu de Sabiduría y Entendimiento

Respuesta: Acepto.

Líder: El espíritu del buen juicio y el valor

Respuesta: Acepto.

Líder: El espíritu del conocimiento y del amor

Respuesta: Acepto.

Leader: Líder: El espíritu de reverencia en tu servicio

Respuesta: Acepto.

Cantos al Espíritu Santo

Parte III: "Llamen y se les abrirá"

Los Dones recibidos en el Bautismo y reforzados en la Confirmación

Regalo de Reverencia en Tu Servicio y el Temor del Señor

Líder: ¡Aleluya! ¡Aleluya!

Canción alegre

Lecturas de las Escrituras

Sobre él reposará el Espíritu de Dios, espíritu de sabiduría e inteligencia, espíritu de prudencia y valentía, espíritu para conocer a Dios y para respetarlo, y para gobernar según sus preceptos. Estará lleno del Espíritu del Temor del Señor. (Isaías 11:2-3)

Pero a nosotros nos lo reveló Dios por medio de su Espíritu, pues el Espíritu escudriña todo, hasta las profundidades de Dios. En efecto, nadie nos conoce como nuestro espíritu, porque está en nosotros. De igual modo, sólo el Espíritu de Dios conoce las cosas de Dios. Y nosotros no hemos recibido el espíritu del mundo, sino el Espíritu que viene de Dios, y por él entendemos lo que Dios nos ha regalado. Hablamos, pues, de esto, no con los términos de la sabiduría humana, sino con los que nos enseña el Espíritu, expresando realidades espirituales para quienes son espirituales. El que se queda al nivel de la psicología no acepta las cosas del Espíritu. Para él son tonterías y no las puede apreciar, pues se necesita una experiencia espiritual. En cambio, el hombre espiritual lo juzga todo, y a él nadie lo puede juzgar. ¿Quién ha conocido la forma de pensar del Señor y puede aconsejarle. Y precisamente nosotros tenemos la forma de pensar de Cristo (1 Corintios 2:10-16).

Reflexión silenciosa

Oración: Padre mío, te doy las gracias por haberme dado el don del espíritu de reverencia en tu servicio (temor al Señor).

Explicación de mi regalo

Sin este Don nunca soñaría con llamar a Dios "mi Padre". En lugar de representar a Dios como un juez fuerte, el Espíritu

Santo, a través de este Don, me muestra a Dios como un Padre muy amoroso, que sólo busca mi bien y me colma de Sus favores, afecto y misericordia. Esto me hace odiar el pecado porque el pecado me separa de un Padre así.

Todo junto: Por el Poder de Tu Palabra estoy seguro de poseer este Don de Reverencia en Tu servicio.

Reflexión silenciosa

Canción

	Cómo coopero con el Espíritu
Bienaventurados los pobres de espíritu. Fruto del Espíritu: el autocontrol Virtud de la Esperanza y la Templanza	Debo crecer en este Don siendo pobre de espíritu, vigilando que mi corazón no se apegue a las "cosas". Ejerceré el autocontrol siendo templado y sin excederme en nada. Aunque este Don me hace arrojarme a los brazos de mi Padre Celestial con confianza, debo ser siempre consciente de Su Infinita Majestad.

Pueblo: María, hija del Padre Eterno, Madre del Hijo Eterno y Esposa del Espíritu Santo, intercede por nosotros.

Reflexión silenciosa

Enseñar y compartir la mejor manera de crecer en su situación y/o la oración espontánea

Canción

Regalo de fortaleza y valor

Líder: ¡Aleluya! ¡Aleluya!

Canción alegre

Lecturas de las Escrituras

Pero recibirán la fuerza del Espíritu Santo cuando venga sobre ustedes, y serán mis testigos en Jerusalén, en toda Judea, en Samaría y hasta los extremos de la tierra (Hechos 1:8)

Felices los que son perseguidos por causa del bien, porque de ellos es el Reino de los Cielos (Mateo 5:10)

[Dios] da la fuerza al que está cansado y robustece al que está débil. Mientras los jóvenes se cansan y se fatigan y hasta pueden llegar a caerse, los que en El confían recuperan fuerzas, y les crecen alas como de águilas. Correrán sin fatigarse y andarán sin cansarse (Isaías 40:29-31)

Reflexión silenciosa

Oración: Padre mío, te doy las gracias por haberme dado el don del valor (la fortaleza).

Explicación de mi regalo

Este Don me da valor para permanecer fiel a la Ley de Dios, a los deberes de mi estado de vida, y para soportar con paciencia las muchas dificultades y penurias que se cruzan en mi camino. Me fortalece para perseverar en seguir las inspiraciones del Espíritu Santo, y para afrontar el futuro sin miedo.

Todo junto: Por el Poder de Tu Palabra estoy seguro de poseer el Don del Valor.

Reflexión silenciosa

Canción

	Cómo coopero con el Espíritu
Bienaventurados los que tienen hambre y sed de justicia. Fruto del Espíritu: La alegría Virtud de la fortaleza	Cómo coopero con el Espíritu Creceré en este Don siguiendo el anhelo de mi alma por la santidad y la unión con Dios. Saciaré mi sed de Reino de Dios en la tierra gastándome en el bien de los demás. La Voluntad de Dios será mi alimento, y mostraré a los demás la pura alegría del alma que es el fruto de la oración y del seguimiento del Espíritu.

Pueblo: María, Hija del Padre Eterno, Madre del Hijo Eterno y Esposa del Espíritu Santo, intercede por nosotros.

Reflexión silenciosa

Enseñar y compartir ideas y experiencias, o rezar espontáneamente

Canción

Regalo de piedad y amor

Líder: ¡Aleluya! ¡Aleluya!

Canción alegre

Lecturas de las Escrituras

Ustedes ahora son hijos, y como son hijos, Dios ha mandado a nuestros corazones el Espíritu de Su propio Hijo que clama al Padre: ¡Abbá!, o sea: ¡Padre! De modo que ya no eres esclavo, sino hijo, y siendo hijo, Dios te da la herencia (Gálatas 4:6-7)

El Espíritu asegura a nuestro espíritu que somos hijos de Dios. Siendo hijos, son también herederos; la herencia de Dios será nuestra y la compartiremos con Cristo. Y si hemos sufrido con Él, estaremos con Él también en la Gloria (Romanos 8:16-17)

En Cristo Dios nos eligió antes de la fundación del mundo, para estar en su presencia santos y sin mancha. En su amor nos destinó de antemano para ser hijos Suyos en Jesucristo y por medio de Él. Así lo quiso y le pareció bien para alabanza de la gracia gloriosa que nos hacía en el Bien Amado (Efesios 1:4-6)

Carguen con mi yugo y aprendan de mí, que soy paciente y humilde de corazón, y sus almas encontrarán descanso. Pues mi yugo es suave y mi carga liviana (Mateo 11:29-30)

Oración: Padre mío, te doy las gracias por haberme dado el don del amor (la piedad).

Explicación de mi regalo

Este Don me hace comprender que soy un hijo de Dios, y esta verdad se convierte en una experiencia viva y personal, transformando mi oración en conversaciones infantiles de corazón a corazón con Dios. Este Don también suaviza las diferencias y me ayuda a superar los sentimientos de reserva y frialdad hacia el prójimo.

Todo junto: Por el Poder de Tu Palabra, estoy seguro de poseer este Don de Amor

Reflexión silenciosa

Canción

Cómo coopero con el Espíritu

Bienaventurados los mansos. Fruto del Espíritu: La mansedumbre	Debo crecer en este Don haciendo todo lo posible para ser manso y amable durante las muchas pruebas, contradicciones y humillaciones de la vida diaria. Traeré a la mente que estas experiencias dolorosas son necesarias para que me dé cuenta de mi insuficiencia y necesidad de la ayuda de Dios. Con este Don puedo controlar todos los sentimientos interiores de antipatía, ira y resentimiento, y tratar a todos como hermanos porque tenemos el mismo Padre.

Pueblo: María, Hija del Padre Eterno, Madre del Hijo Eterno y Esposa del Espíritu Santo, intercede por nosotros.

Reflexión silenciosa

Enseñar y compartir ideas sobre cómo mostrar el amor siendo manso y gentil, y/o la oración espontánea

Canción

DON DE CONSEJO Y BUEN JUICIO

Líder: ¡Aleluya! ¡Aleluya!

Canción festiva

Lecturas de las Escrituras

El Intérprete que el Padre les va a enviar en mi Nombre, les enseñará todas las cosas y les recordará todo lo que yo les he dicho. "Les dejo la paz," les dijo "les doy mi paz. La paz que yo les doy no es como la que da el mundo... este es mi regalo para ustedes" (Juan 14:26-27)

Habla, Señor, que tu servidor te escucha (1 Samuel 3:9)

Yo rogaré al Padre y les dará otro Protector que permanecerá siempre con ustedes, el Espíritu de Verdad, a quien el mundo no puede recibir, porque no lo ve ni lo conoce. Pero ustedes lo conocen, porque está con ustedes y permanecerá en ustedes (Juan 14:16-17)

Reflexión silenciosa

Oración: Padre mío, te doy las gracias por haberme dado el Espíritu del recto juicio (consejo).

Explicación de mi regalo

Este Don me da la capacidad de recordar las palabras y el ejemplo de Jesús, y aplicarlos a las circunstancias de la vida diaria. Me permite entender la voz del Espíritu cuando me dirige en el camino de la santidad. Me hace buscar Su luz y guía en todas las decisiones, especialmente las que afectan a los demás. Me hace darme cuenta de mi propia miseria y, por tanto, compadecerme de las miserias de los demás. Me doy cuenta de que todo lo que tengo es un regalo de Dios.

Todo junto: Por el Poder de Tu Palabra, estoy seguro de poseer este Don de Juicio Correcto.

Reflexión silenciosa

Canción

	Cómo coopero con el Espíritu
Benditos sean los misericordiosos. Fruto del Espíritu: La bondad	Debo crecer en este Don siendo misericordioso, comprendiendo que así como Dios se rebaja a mi miseria y perdona, yo también debo perdonar a los demás. Tendré cuidado de no ser obstinado y apegado a mis propias opiniones para poder tomar las decisiones correctas, buscando siempre el bien de los demás.

Pueblo: María, Hija del Padre Eterno, Madre del Hijo Eterno y Esposa del Espíritu Santo, intercede por nosotros.

Reflexión silenciosa

Enseñanza y puesta en común de ideas y pensamientos-oración espontánea si se desea

Canción

Regalo de conocimiento

Líder: ¡Aleluya! ¡Aleluya!

Canción festiva

Lecturas de las Escrituras

¿De qué le sirve a uno si ha ganado el mundo entero, pero se ha destruido a sí mismo? ¿Qué podría dar para rescatarse a sí mismo? Yo les aseguro: si alguno se avergüenza de mí y de mis palabras en medio de esta generación adúltera y pecadora, también el Hijo del Hombre se avergonzará de él cuando venga con la Gloria de Su Padre rodeado de sus santos ángeles (Marcos 8:36-38)

Marta, Marta, tú andas preocupada y te pierdes en mil cosas: una sola es necesaria. María ha elegido la mejor parte, que no le será quitada (Lucas 10:41-42)

Vanidad de vanidades. ¡Todo es vanidad! (Eclesiastés 1:1)

Sepan que por mí maravillas hace el Señor, tan pronto como lo llamo, él me escucha (Salmos 4:3)

Es el mismo Dios que dijo: ""Brille la luz en medio de las tinieblas", es el que se hizo luz en nuestros corazones, para que se irradie la gloria de Dios tal como brilla en el rostro de Cristo"(2 Corintios 4:6)

Reflexión silenciosa

Oración: Padre mío, te doy las gracias por haberme dado el don del Espíritu del Conocimiento.

Explicación de mi Regalo

Ayuda a la Virtud Teológica de la Esperanza	Este Don me da la comprensión de la única cosa necesaria y un desprendimiento compasivo de todas las cosas. Me da la capacidad de ver el reflejo de Dios en toda Su creación, alabarlo por ello, pero recordar siempre que todas las cosas son pasajeras. El conocimiento también aumenta mi Esperanza, permitiéndome ver a Dios en cada situación–agradable y desagradable–sabiendo que todas las cosas tienden al bien para aquellos que aman a Dios.

Todo junto: Por el Poder de Tu Palabra, estoy seguro de poseer este Don de Conocimiento.

Reflexión silenciosa

Canción

	Como coopero con el Espíritu
Bienaventurados los que lloran. Fruto del Espíritu: La paciencia	Debo crecer en este Don abrazando con amor los sufrimientos de la vida y viendo en ellos la Gloria que viene. Utilizaré el Sacramento de la Reconciliación como medio para expresar mi amor arrepentido. Mostraré más paciencia conmigo mismo y con mi prójimo.

Pueblo: María, Hija del Padre Eterno, Madre del Hijo Eterno, y Esposa del Espíritu Santo, intercede por nosotros.

Reflexión silenciosa

Enseñar y compartir -y/u orar espontáneamente

Canción

Regalo de comprensión

Líder: ¡Aleluya! ¡Aleluya!

Canción festiva

Lecturas de las Escrituras

Lo que Él es y que no podemos ver ha pasado a ser visible gracias a la creación del universo, y por sus obras captamos algo de su eternidad, de su poder y de su divinidad (Romanos 1:20)

Si ustedes no creen cuando les hablo de cosas de la tierra, ¿cómo van a creer si les hablo de cosas del Cielo? (Juan 3:12)

Ya está entre ustedes, y lo mismo que va creciendo y dando frutos por todas partes en el mundo, también lo hace entre ustedes desde aquel día en que recibieron y conocieron el don de Dios en toda su verdad (Colosenses 1:6)

Por eso, tampoco nosotros hemos cesado de rezar por ustedes desde el día en que recibimos esas noticias, y pedimos a Dios que alcancen el pleno Conocimiento de Su Voluntad mediante dones de sabiduría y entendimiento espiritual. Que lleven una vida digna del Señor y de su total agrado, produciendo frutos en toda clase de buenas obras y creciendo en el conocimiento de Dios. Que se muestren fuertes en todo sentido, fortalecidos por la gloria de Dios; que puedan sufrir y perseverar sin perder la alegría. Y que den gracias al Padre, que nos preparó para recibir nuestra parte en la herencia reservada a los santos en su reino de luz. Él nos arrancó del poder de las tinieblas y nos trasladó al Reino de Su Hijo Amado. En él nos encontramos liberados y perdonados (Colosenses 1:9-14)

Reflexión silenciosa

Oración: Padre mío, te doy las gracias por haberme dado el don del espíritu de entendimiento.

Explicación de mi regalo

Ayuda a la virtud teológica de la fe

Este Don me da luz e intuiciones sobre los Misterios Divinos. Con la Fe creo las revelaciones que Dios me ha dado, y con el Don de Entendimiento "veo" el sentido interno de estos misterios. Me eleva por encima del razonamiento en la oración, y me ayuda, con una simple mirada, a penetrar en los Misterios Divinos.

Todo junto: Por el Poder de Tu Palabra, estoy seguro de poseer este Don de Entendimiento.

Reflexión silenciosa

Canción

Como coopero con el Espíritu

Benditos sean los limpios de corazón.

Fruto del Espíritu: Confianza

Debo crecer en este Don preparándome con gran pureza de corazón. Tendré cuidado de no medir las cosas divinas con criterios mundanos, interpretándolas según mis puntos de vista personales, y teniendo cuidado de no dejarme llevar por medias verdades. Desarrollaré la capacidad de escuchar, sabiendo que Dios a menudo enciende la luz mediante el choque de ideas.

Pueblo: María, Hija del Padre Eterno, Madre del Hijo Eterno y Esposa del Espíritu Santo, intercede por nosotros.

Reflexión silenciosa

Enseñar y compartir -y/u orar espontáneamente

Canción

REGALO DE SABIDURÍA

Líder: ¡Aleluya! ¡Aleluya!

Canción festiva

Lecturas de las Escrituras

Qué bueno es Dios: ¡sólo hay que probarlo y verlo! ¡Feliz el hombre que se refugia en Él! (Salmos 34:8)

En cambio, el que se une al Señor se hace un solo espíritu con él (1 Corintios 6:17)

¡Qué profunda es la riqueza, la sabiduría y la ciencia de Dios! ¿Cómo indagar sus decisiones o reconocer sus caminos? (Romanos 11:33)

Yo te alabo, Padre, Señor del Cielo y de la tierra, porque has mantenido ocultas estas cosas a los sabios y entendidos y las has revelado a la gente sencilla (Mateo 11:25)

Si han sido resucitados con Cristo, busquen las cosas de arriba, donde Cristo está sentado a la derecha de Dios (Colosenses 3:1)

Y ¿cómo sabemos que permanecemos en Dios y él en nosotros? Porque Él nos ha comunicado Su Espíritu (1 Juan 4:13)

Que el Dios de Cristo Jesús nuestro Señor, el Padre que está en la gloria, se les manifieste dándoles espíritu de sabiduría y de revelación para que lo puedan conocer (Efesios 1:17)

Reflexión silenciosa

Oración: Padre mío, te doy las gracias por haberme dado el don del Espíritu de Sabiduría.

Explicación de mi regalo

Ayuda a la virtud teológica del amor

Este Don me da luz e intuiciones sobre los Misterios Divinos. Con la Fe creo las revelaciones que Dios me ha dado, y con el Don de Entendimiento "veo" el sentido interno de estos misterios. Me eleva por encima del razonamiento en la oración, y me ayuda, con una simple mirada, a penetrar en los Misterios Divinos.

Todo junto: Por el Poder de Tu Palabra, estoy seguro de poseer este Don de Sabiduría.

Reflexión silenciosa

Canción

Como coopero con el Espíritu

Benditos sean los pacificadores.

Fruto del Espíritu: La paz

Debo crecer en este Don pasando un tiempo definido en oración todos los días, dándole a Jesús la oportunidad de inundar mi alma con Su Amor. Impregnaré mi alma de una profunda humildad, dando el crédito de todo el fruto que doy a la Presencia viva de Cristo en mi alma. Aceptaré las dificultades de la vida sin turbarme, viendo el Amor de Dios en todo, manteniendo así mi interior en paz, y difundiendo esta paz a los demás.

Pueblo: María, Hija del Padre Eterno, Madre del Hijo Eterno y Esposa del Espíritu Santo, intercede por nosotros.

Jornada en la Oración

Reflexión silenciosa

Enseñar y compartir -y/u orar espontáneamente

Canción

Frutos del Espíritu

Canción

Líder: "La Voluntad de Dios es que se hagan santos" (1 Tesalonicenses 4:3)

"Saludos a la Iglesia de Dios... pues fueron llamados a ser santos con todos aquellos que por todas partes invocan el Nombre de Cristo Jesús, Señor nuestro y de ellos. Reciban bendición y paz de Dios Padre y de Cristo Jesús, el Señor" (1 Corintios 1:2)

Consideración I

Es importante que me dé cuenta de que todo Cristiano que permanece firme en la fe, arraigado en la Esperanza y perseverante en el Amor es santo. La santidad no es un honor para unos pocos privilegiados: todo Cristiano está llamado a la santidad: es la suerte común de todos los fieles. La santidad comienza ahora por la Presencia de Dios en mi alma. Soy santo con Su santidad.

Reflexión silenciosa

> Quien guarda Sus Mandamientos vive en Dios, y Dios vive en él. Sabemos que Él vive en nosotros por el Espíritu que nos ha dado. (1 Juan 3:24)
>
> Este es el amor al que me refiero: no nuestro amor por Dios, sino el Amor de Dios por nosotros cuando envió a Su Hijo. (1 Juan 4:10)
>
> ¿No saben que su cuerpo es templo del Espíritu Santo que han recibido de Dios y que está en ustedes? (1 Corintios 6:19)

Consideración II

Por los méritos de Cristo, el Padre ha enviado Su Espíritu para elevarme de la condición de esclavo a la de hijo adoptivo. Mediante el ejercicio de todos los Dones del Espíritu, el grado de mi santidad crecerá, y podré glorificar al Padre despejando el camino para que Jesús dé fruto en mí.

Jornada en la Oración

Reflexión silenciosa

Enseñar y compartir -y/u orar espontáneamente

Examínense y vean si permanecen en la fe. Pruébense a sí mismos. ¿Están seguros de que Cristo Jesús está en ustedes? ¿Y qué, si la prueba les sale contraria? (2 Corintios 13:5-6)

Quien no vive una vida santa y no ama a su hermano no es hijo de Dios. (1 Juan 3:10)

Ustedes son el cuerpo de Cristo, y cada uno en su lugar es parte de él (1 Corintios 12:27)

Aspiren a los carismas más elevados (1 Corintios 12:31)

Hay diferentes dones espirituales, pero el Espíritu es el mismo. Hay diversos ministerios, pero el Señor es el mismo. Hay diversidad de obras, pero es el mismo Dios quien obra todo en todos (1 Corintios 12:4-6)

El Santo Evangelio según San Juan 15:9-12; 16-17:

Permanece en Mi Amor. Si guardas Mis Mandamientos, permanecerás en Mi Amor, así como Yo he guardado los Mandamientos de Mi Padre y permanezco en Su Amor. Les he dicho todas estas cosas para que mi alegría esté en ustedes y su alegría sea completa. Este es mi mandamiento: que se amen unos a otros como yo los he amado.

Ustedes no me eligieron a mí; he sido yo quien los eligió a ustedes y los preparé para que vayan y den fruto, y ese fruto permanezca. Así es como el Padre les concederá todo lo que le pidan en mi Nombre. Ámense los unos a los otros: esto es lo que les mando.

En este momento, se puede celebrar la Liturgia de la Eucaristía.

Durante la acción de gracias después de la Comunión, tiene lugar lo siguiente (o si no se celebra la Liturgia, lo siguiente continúa después de la Lectura de la Escritura).

Líder: Cada uno de nosotros en la comunidad de oración da diferentes tipos de frutos y de diferentes maneras:

- Algunos dan el fruto del Amor, la Fe, la Paciencia y la Mansedumbre, dando Alegría a todos.
- Algunos dan el fruto de enseñar con Sabiduría y Conocimiento, para el bien de todos.

- Algunos fructifican en el sufrimiento con paciencia y alegría, y éstos ayudan a los miembros débiles a tener valor.
- Algunos hablan a Dios en el Espíritu para orar por aquellas necesidades que sólo Dios conoce.
- Algunos dan fruto en la curación a través de sus talentos, su oración y su compasión.
- Algunos fructifican en declaraciones proféticas, para dar valor e iluminar a sus hermanos.
- Algunos dan fruto en el discernimiento—capaces de distinguir los verdaderos de los falsos profetas—por el bien de todos.
- Algunos dan fruto en la oración, edificando el Cuerpo de Cristo.
- Algunos dan fruto trabajando desinteresadamente por el bien de los demás.
- Algunos dan fruto por la humilde obediencia a la Iglesia, a los padres y a los empleadores.
- Algunos dan fruto cuidando, y estando disponibles para los necesitados.

Período de Glorificar al Padre dando testimonio de Su fruto en nuestras vidas.

Canción

Oración conjunta: Nuestra Señora, Esposa del Espíritu Santo, enséñame algunos de tus secretos para que pueda crecer en todos los Dones del Espíritu. Deseo expresar mi Fe con humildad y amor. Deseo olvidarme de mí mismo y vivir sólo para Jesús, tu Hijo, siendo un miembro fecundo de mi comunidad de oración y de la Iglesia.

Juntos: San Miguel y todos los Santos Ángeles, hazme más consciente de la Presencia de Dios dentro de mí y a mi alrededor. Inspiradme con buenos pensamientos, e iluminad mi mente para ver la Voluntad de Dios y cumplirla con amor. Protéjanme, hermanos míos, del maligno, y guíenme en el camino de la santidad hasta que llegue al Reino.

Canción

Compartiendo a Dios Juntos

Cómo empezar el día

"Oh, Dios, deja que mis palabras lleguen a tus oídos, piensa en mis suspiros. Escucha mi grito de auxilio" (Salmos 5:1).

Que mi alma se eleve hacia ti, Dios mío, como el incienso del sacrificio matutino. Mira este día como un holocausto en el que te sacrifico mi voluntad. Mis debilidades se ciernen sobre mí y hacen del brillo de este nuevo día un desierto sombrío. Mi pasado demuestra que a menudo te he fallado, pero hay un grito en mi corazón, un anhelo en mi alma que acalla mis pensamientos y me da el valor para afrontar este día con renovado vigor.

¿Mira Tu Majestad con compasión cuando me levanto y caigo tan a menudo? ¿Te complace cuando mis deseos superan con creces mis logros? Deseo proclamar Tu Bondad desde los tejados, pero mi vida apenas susurra Tu Nombre. Soy un gigante espiritual en mis metas mientras que el fruto que doy habla sólo de cosas pequeñas.

Independientemente de mis fallos, querido Dios, me has dado un nuevo día en el que empezar, un nuevo tiempo para crecer, nuevas oportunidades para amar, nuevas personas a las que cuidar, nuevas cruces que llevar. Dedico estos momentos de tiempo que me has asignado a tu Palabra Eterna que vive y respira en Su Cuerpo Resucitado y está presente en la Santa Eucaristía.

Como María, quiero meditar en mi corazón los misterios de este día. Quiero ver Tu Rostro en los que sufren, Tu hambre en los pobres, Tu soledad en los ancianos. Deja que el poder de Tu Espíritu impregne mi ser para que Su Presencia irradie a través de mí como un tranquilo rayo de sol en una habitación oscura.

No sé qué nuevo dolor, fatiga, sufrimiento o sorpresas traerá este día, pero te lo ofrezco todo como una gota en el océano de Su sufrimiento y Su Redención.

Que mi alma se mantenga alta y fuerte mientras el espíritu de este mundo se arremolina a su alrededor. Deja que mis raíces se adentren en el suelo de la Fe para que la Esperanza se eleve cada vez más por encima del desánimo que tan a menudo ataca mi ser.

Por estos pocos momentos que pasan, deseo perderme en Tus Divinas Perfecciones. Elevo mi mente y mi corazón hacia Ti, y mientras el pensamiento de Tus Atributos pasa por mi ser, deja que algo de esas perfecciones se adhiera a mi alma como aceite en una herida. No pido cosas que me superen, sólo que Tu Poder penetre en mi debilidad, Tu Compasión rompa mi frío corazón, Tu Paciencia cubra mi impetuosidad y Tu Amor suavice mi dureza.

"Te digo esta oración, Dios, porque al amanecer escuchas mi voz, y al amanecer me dispongo para ti". "Que por la mañana nos despertemos llenos de tu amor y cantemos y seamos felices todos nuestros días" (Salmos 5:3; 90:14).

Letanía de los atributos divinos

Esencia Divina, que sólo eres santa, me inclino ante Tu Ser...

Respuesta: Permítame compartir su santidad.

La Unidad y la Simplicidad Divinas, en las que no hay complejidad...

Respuesta: Hazme sencillo y sincero.

Eternidad divina, sin principio y sin fin, dadora de inmortalidad...

Respuesta: Hazme bueno y amable.

La Sabiduría Divina, que diseñó la longitud y la profundidad de la creación...

Respuesta: Hazme lo suficientemente sabio para ver Tu forma detrás de todo.

Poder Divino, creando y sosteniendo todas las cosas con un acto de Tu Voluntad...

Respuesta: Dame fuerzas para realizar las cosas que Tú quieres que haga.

La Divina Providencia, cuyo manto cubre cada faceta de mi vida con un cuidado amoroso...

Respuesta: Dame una confianza perfecta para que pueda trabajar por las necesidades de hoy sin preocuparme por el mañana.

El Conocimiento Divino, al que nada se le oculta y nada se le olvida...

Respuesta: Permíteme penetrar en los misterios de Tu Ser para poder compartir Tu Vida.

La Divina Inmanencia, que penetra en todas las cosas y se rebaja a vivir en mí...

Respuesta: Permíteme irradiar a tu Hijo y glorificarte a través del Espíritu Santo.

El infinito divino, que abarca todas las perfecciones posibles...

Respuesta: Dame una parte de tus perfecciones para que mi prójimo pueda verte en mí.

La Verdad Divina, en la que no hay sombra de engaño...

Respuesta: Haz que sea veraz y honesto en mi trato con los demás.

Luz divina, en la que todas las cosas son visibles ...

Respuesta: Ilumina mi alma para que no viva en la oscuridad.

La Inmensidad Divina, que llena y contiene todas las cosas...

Respuesta: Poseedme de principio a fin para que pueda ser todo para todos los hombres.

La Misericordia Divina, infinita y sin medida...

Respuesta: Déjame perdonar y olvidar con amor y compasión.

La paz divina, siempre tranquila y serena en medio de la agitación...

Respuesta: Permíteme mantener un espíritu tranquilo y ser lo suficientemente fuerte para aceptar las adversidades con paz.

La alegría divina, que es la única fuente de toda felicidad...

Respuesta: Dame esa alegría que ningún hombre puede quitarme.

La Justicia Divina, que juzga todo a la luz de la verdad a través de los ojos de la misericordia ...

Respuesta: Concédeme que no juzgue los motivos de mi prójimo, sino que le dé el beneficio de la duda.

La inmutabilidad divina, siempre la misma y nunca cambiante ...

Respuesta: Haz que mi voluntad vacilante sea más fuerte para que no me desvíe del camino de la santidad.

Omnipresencia divina, detrás de mí, delante de mí y alrededor de mí...

Respuesta: Déjame ver Tu Rostro en todo para que toda Tu creación me hable de Tu belleza.

Compasión divina, tan paciente y comprensiva...

Respuesta: Permíteme ser comprensivo con las necesidades de mi prójimo y darle mi amor así como mis obras.

Aquí se permite un tiempo para la oración silenciosa, la meditación o la contemplación, según la guía del Espíritu.

Fin de la oración de la mañana

"Dios, tú eres mi Dios; te busco, mi alma está sedienta de ti, mi carne te anhela: una tierra reseca, cansada y sin agua: Anhelo contemplarte en el Santuario y ver tu poder y tu gloria.

"Tu amor es mejor que la vida misma, mis labios recitarán tu alabanza; toda mi vida te bendeciré, en tu Nombre alzo mis manos; mi alma se deleitará con la mayor riqueza, en mis labios un canto de alegría y en mi boca, alabanza" (Salmos 63:1-5).

Oh María, Madre mía, ayúdame hoy a ser como Jesús en pensamiento, palabra y obra.

Renovación del mediodía

Jesús mío, miro hacia atrás en esta mañana y encuentro que he tenido algún éxito y algún fracaso en mis esfuerzos por ser como Tú. Hubo momentos en los que mi cruz parecía insoportable y otros en los que no sabía que estaba ahí.

Hubo personas en mi camino que provocaron dolorosas debilidades en mi alma, debilidades que no quería ver. Olvidé tus muchos disfraces y no aprecié la oportunidad de cambiar y ser más como Tú. Reconozco humildemente mis faltas y las pongo todas en el horno de Tu Amor. Consúmelas, refínalas como oro deslustrado en el fuego, y deja que el poder purificador de Tu Espíritu renueve mi alma para cosas más grandes esta tarde.

Da a los que he ofendido muchas gracias; hazlos santos. Bendice a los que me han ofendido y perdónalos, porque no han querido hacerme daño.

Da valor a los enfermos cuyos nervios están crispados por el dolor y cuyas fuerzas casi han desaparecido. Arranca a los pecadores de la destrucción y dales la gracia del arrepentimiento final.

Pongo a tus pies los pecados del mundo...

Respuesta: Preciosa Sangre de Jesús, límpialos.

Pongo en tu corazón la frialdad de tus criaturas...

Respuesta: Sagrado Corazón de Jesús, enciéndelos con amor.

Pongo en Tu Misericordia a los presos, a los drogadictos, a los alcohólicos, a los aburridos y a los desesperados...

Respuesta: Jesús misericordioso, toca sus almas con el agua viva de la gracia.

Pongo en tus brazos al anciano, al joven, al retrasado, al trabajador y a su familia...

Respuesta: Providente Jesús, guárdalos a todos en tu cuidado.

Aquí puede haber tiempo para las intenciones personales.

Señor Jesús, dame la conciencia de tu Divina Presencia en mí y en mi prójimo. Haz que el resplandor de esa Presencia brille cada vez más en mi alma a pesar de las fragilidades que hay en ella.

Haz que me levante después de cada caída con una esperanza renovada en Tu poderosa gracia y que mi amor llegue a los más abandonados. Pongo esta tarde en Tus manos para que suba al Padre como un sacrificio agradable.

> Te agradezco, oh Dios, con todo mi corazón, porque has escuchado lo que he dicho. En presencia de los ángeles toco para ti y me inclino hacia Tu santo Templo.
>
> Doy gracias a tu nombre por tu amor y tu fidelidad; tu promesa es aún más grande que tu fama. El día que pedí ayuda Tú me escuchaste y aumentaste mis fuerzas.
>
> Aunque vivo rodeado de problemas, Tú me mantienes vivo. Extiendes tu mano y me salvas; tu diestra lo hace todo por mí. (Salmo 138:1-3; 7, 8)

Fin del día

El día ha terminado, mi Señor. Te doy las gracias por todo ello. Desearía haber correspondido al Sacramento del Momento de manera más ferviente, pero en su lugar te doy un corazón humilde.

Adquirí el autoconocimiento y eso es el principio de la sabiduría. Tu gracia estuvo siempre presente aunque no siempre utilicé su poder. Ha sido un buen día, pues mis fallos me han dado autoconocimiento y mis aciertos han manifestado Tu Presencia en mí. Esto ha sido obra tuya, Espíritu Santo, y te alabo por ello. Tú utilizas cada trozo de mis debilidades para hacerme humilde, cada virtud para hacerme más parecido a Jesús, cada oportunidad para aumentar la gracia en mi alma, cada circunstancia para mostrarme Su Voluntad. Tú eres el Santificador, el Espíritu enviado para curar mis heridas y darme un nuevo nacimiento.

Esta noche descanso seguro porque Tu Amor por mí está más allá de mi indignidad y supera toda comprensión. Uno mi amor al amor de Jesús y te lo ofrezco en reparación por toda la frialdad e indiferencia del mundo. Mi día me ha demostrado que no te amo como debería. Mi voluntad es fuerte, y me aferro a ella y me cuesta unirla a Tu Voluntad. Sin embargo, esta es la prueba del amor. No es mi conocimiento de Tu bondad, ni los consuelos de Tu presencia lo que te atrae a mi alma; no, es mi necesidad de Tu misericordia. Mi vacío clama por Tu Amor, y mi nada alcanza Tu Poder creativo para cambiarme, moldearme y santificarme.

Hoy hubo momentos en los que mi alma quedó atrapada entre el mundo y mi propio egoísmo; momentos en los que la oscuridad me envolvió como si fuera a tragarme en la tumba de la desesperanza. ¿No era Tu presencia la que parecía estrechar mi mano y guiar mis pasos vacilantes hacia un nuevo amanecer? ¿No me hizo más limpio el paso por la oscuridad y la desesperación? Tus caminos no son realmente mis caminos, pero son más seguros que el sol que sale por la mañana.

Aquí se puede hacer una breve meditación.

Oración final

Las batallas de hoy han terminado, y vuelvo a casa herido pero decidido a alcanzar mayores cotas mañana. Tu gracia en mí es más poderosa que mis debilidades.

Te doy mi sueño esta noche y te pido que mientras mi cuerpo descansa, mi corazón y mi alma descansen en Tu Amor. Deja que la Fe calme el miedo que me atormenta en la noche. Deja que la Esperanza relaje mi conciencia con la confianza en Tu Misericordia. Deja que el Amor me rodee como una manta para que el silencio de la noche sea como Tu suave voz que me canta al sueño.

Infunde dentro de mí esa confianza que sabe que "ningún desastre puede alcanzarme porque Tú has puesto a tus ángeles a cargo de mí para que me guarden dondequiera que vaya. Tú rescatas a todos los que se aferran a Ti. Me proteges porque conozco Tu Nombre. Me respondes siempre que te invoco y estás conmigo cuando estoy en apuros" (Salmos 91:10-11, 14-15).

Protégeme del Enemigo mientras pongo mis defensas para prepararme para las nuevas batallas de mañana. Deja que mis pensamientos estén en Tu Cielo mientras mi cuerpo descansa en el exilio. Escucha las súplicas de María mientras intercede en mi favor. No te acuerdes de mis pecados, más bien revísteme con el manto de la inocencia.

Buenas noches, querido Dios, y que cada aliento que tome esta noche alabe tu Santo Nombre.

Pensamientos Divagantes

El momento actual se asemeja a un sacramento, se asemeja a muchos sacramentos. Me da a Jesús como la Eucaristía; me da la oportunidad de perdonar y ser perdonado como la Confesión; realza Su Presencia en mi alma como el Bautismo; pone en funcionamiento los siete dones como la Confirmación. Su Espíritu me da el poder de transformarme en Jesús, como la Misa, y me da la oportunidad de morir a mí mismo y ser curado de mis faltas.

Cuando el sacerdote levanta el Pan y el Vino y dice: "Esto es mi cuerpo", el Espíritu de Dios dice: "Así sea". ¿No es el Momento Actual como este pan? En él no parece haber nada que merezca la pena, nada atractivo, nada poderoso, pero si lo elevo a Dios, si me encuentro con Él en el misterio de sus sombras, de su sencillez, de su monotonía, de su dolor, si ofrezco el pan de mi vida, de mi personalidad, de mi corazón, de todo mi ser, y abrazo ese momento con amor, con Jesús, ¿no dirá Él: "Esto es mi cuerpo"? ¿No dirá Su Espíritu: "Amén"? ¿Puede esta encarnación de defectos y debilidades llegar a ser tan santa, tan parecida a Jesús, que el Padre mire un día a esta alma y diga: "Este es mi hijo, esta es mi imagen"?

¿El poder de Su Espíritu absorberá mi nada y mis pecados, los cambiará, los transformará? Sí, Su Sangre mereció este don, este privilegio, esta transformación, este milagro de la gracia, esta "obra mayor".

Si tan sólo pudiera vivir en la Voluntad de Dios, en Su Espíritu, en Su Amor. Si pudiera ver Su Providencia, Su Espíritu actuando en el momento actual. Él trabaja, dispone, permite cada faceta de mi vida, cada momento de mi existencia. Su Presencia está en medio de mis situaciones cotidianas. La única Realidad está dentro de la realidad de lo que está sucediendo. Si pudiera abrazar el momento actual como si Él estuviera frente a mí. El momento actual es como un cincel en las manos de Dios. Él lo utiliza para redondear las esquinas irregulares, para alisar las superficies ásperas, para dar nueva forma y remodelar mi alma. Es precioso, porque me trae a Dios de forma personal. Hace aflorar lo mejor de Aquel que vive en mí. Dios mío, déjame abrazar el momento actual con amor.

Jesús mío, mi pobre alma está rodeada de angustia y frustración. Pareces tan lejano, y aunque mi fe me dice que estás cerca, mi alma clama por ver Tu Rostro. Deseo vivir por fe porque sé que te complace como un alma se aferra cuando todo parece perdido. ¿Te importa si deseo que estés a mi lado para poder alcanzarte y tocarte? ¿Veo que mueves la cabeza con asombro ante mi falta de percepción? Sí, lo sé: Te toco cuando mi vecino me necesita; eres Tú quien sonríe cuando paso junto a un niño; eres Tú quien me da fuerzas para recorrer otra milla, otro día. Tu Presencia me rodea como una suave brisa. Tu Espíritu tira de mi corazón para estimularme. Tu Padre me llama Su Hijo. Deseo lo que ya tengo: busco a Alguien que esté tan cerca que no pueda verlo. Busco un bastón que ya está en mi mano.

Tu Voluntad, Dios mío, está más allá de mi comprensión. A menudo me rebelo y te grito como si no me escucharas. Mi alma te busca, y mi rebeldía levanta un muro invisible entre nosotros.

Mi orgullo me hace pensar que no has escuchado mi súplica, o que tu justicia me ha impedido ver tu Rostro. Mi pobre alma se revuelve ante la idea de perderte. Existe un debate dentro de mí entre el orgullo que se rebela y la necesidad que clama por ayuda. Una parte de mí dice que lo que está sucediendo es injusto, sinigual, frío y cruel, y sin embargo, en lo más profundo de mi alma está esa débil voz que me asegura que Tu Voluntad es santa, justa e infinitamente sabia. Mi rebeldía y mi deseo de hacer Tu Voluntad compiten totalmente por la posesión de mi alma. Estoy entumecido por la lucha. Mi alma está reseca y cansada. Estoy ante Tu santa y silenciosa Presencia, aferrándome a mi deseo de amarte sólo a Ti con todo mi corazón, esperando que no oigas la agitación ni veas mi miseria. Al mismo tiempo, sé que es este mismo estado miserable el que atrae Tu misericordia y me aferro al ancla que lleva inscritas las palabras: "Mi mayor fuerza se manifiesta en la debilidad" (2 Corintios 12:9).

Tu Presencia me rodea como un manto. Penetra en mi ser como los cálidos rayos del sol. Cuando permanezco en Ti, como Tú permaneces en mí, ninguna prueba es demasiado difícil, ningún dolor es insoportable. Entonces, de repente, es como si las tinieblas envolvieran mi alma y me viera obligado a quedarme quieto, esperando y estirando la mano para tocarte. Mis pasos vacilan y titubean, mi corazón no tiene valor, mis ojos no ven ninguna forma distintiva, mis oídos se esfuerzan por escuchar el más mínimo sonido de Tu voz, espero como un niño indefenso, espero el amanecer.

Mi mente se pregunta y mi corazón reflexiona sobre Tus caminos. Tu Sabiduría permite pruebas en mi vida que no puedo entender. Miro a mi alrededor con asombro, buscando una respuesta, una posible solución. Cuando rezo, pareces estar lejos, casi no me escuchas. Siento un vacío en mi alma, como si esta prueba hubiera agotado mis fuerzas; mi ser está ante Ti en lugar de pedirte ayuda. Permanezco a la espera, vacía, silenciosa ante la Santidad misma—no entendiendo—miedo de expresar mis pensamientos, pero sabiendo que Tu Amor penetra en mi alma y escucha mis silenciosos gemidos. Mi cabeza está inclinada mientras lucho por penetrar en Tus Caminos. Entonces es, en el silencio de Tu Presencia, cuando veo la razón de todo. Mi alma, antes del Bautismo, era como un fino papel de seda: frágil, débil, incapaz de resistir ni siquiera una brisa.

Entonces Tu Espíritu me fue dado en el Bautismo y el Agua Viva comenzó a saturar ese papel de seda. El Agua especial permite a mi papel de seda estar ante Ti y vivir. Sin esa Agua, esa cobertura, se disolvería ante el fuego de Tu Presencia, tan santa, tan poderosa. Ahora lo veo, es tan claro. Las pruebas y los sufrimientos, mis elecciones de cada momento, vierten más y más de esa Agua Viva en mi papel de seda, en mi ser. No sólo soy capaz de estar ante Ti cubierto con esta fuerza, sino que soy capaz de acercarme más y más a ese Fuego. Incluso puedo estar un día en el centro de esa Llama. La oportunidad de ser uno contigo es mía por el poder de Tu Espíritu y la Sangre de Jesús. Sólo tengo que confiar en Tu Sabiduría, cumplir Tu Voluntad y amar con Tu Amor. Las pruebas que me envías, la sequedad de mi alma, proporcionan más y más Agua Viva para saturar mi alma para que un día pueda mirarte a Ti, mi Señor y Dios y decir: "Abba, Padre".

Mi vida es como un frasco lleno de arena. Una parte de la arena está limpia, otra oscurecida por el viento de los sufrimientos, otra se ha vuelto gruesa y dura por las decepciones. El Padre me mira con compasión. No saca grandes cucharadas de arena de una sola vez. Él sabe que sería más de lo que podría soportar. Me permite cooperar con Él para que la arena y los escombros desaparezcan lentamente y apenas sienta la pérdida. Comienza vertiendo Agua Viva en mi jarra: añade antes de quitar. Esa Agua agita mi alma: empiezo a ver la arena sucia, los escombros y la basura. Luego, de repente, se asienta, y hay menos arena y más agua limpia. El tiempo pasa y algo sucede: una decisión que tomar, una oportunidad de ser como Jesús. De nuevo se asienta con más agua y menos arena. Empiezo a darme cuenta del valor del autoconocimiento, de las pruebas y los sufrimientos. Mi corazón desea más de esa Agua Viva, mi pequeña jarra comienza a expandirse y contraerse en su esfuerzo por obtener más de Dios. De repente, aparecen pequeñas grietas, pequeños agujeros por los que la arena empieza a fluir libremente. La sequedad del alma aumenta mi sed de Agua Viva. Entonces comienza el proceso de perder y ganar, de morir y vivir, de tener sed y llenarse. Comienzo a buscar oportunidades para ser como Jesús. Hago agujeros en mi jarra para que salga más arena y para que más de Él llene mi jarra. Poco a poco, a veces con dolor, tomo decisiones correctas: lo elijo a Él en lugar de a mí mismo, elijo Su Voluntad en lugar de la mía, amo cuando es difícil amar, creo cuando todo es oscuridad, espero cuando todo parece perdido.

Comienza un hermoso proceso. El Agua Viva se desborda y pasa por todos los pequeños agujeros de mi jarra. Apaga la sed de mi vecino, que no sabe que su cántaro también está lleno de arena; él también necesita Agua Viva. Puedo confiar mi día, mi vida a Dios: Él sabe más que nadie, su sabiduría está más allá de mi entendimiento.

¿Dónde estás, oh, Dios? Mi alma clama a Ti, y oigo mi voz resonar como un eco en una caverna profunda. Todo a mi alrededor es oscuridad y no puedo ver Tu Rostro ni oír Tu Voz. No hay ninguna estrella en la noche, ningún rayo de luz. Sigo caminando, paso a paso, esperando que mi mano roce la tuya y sepa que todo está bien. Cada paso trae nuevas angustias y nuevas decepciones. No me importaría la oscuridad si supiera que Tú estás ahí, pero entonces ¿sería oscuridad? ¿No sería esa constatación como una repentina ráfaga de sol? La fe me dice que Tú vives en mí—una Presencia oculta en las profundidades de mi alma—una Presencia en la oscuridad de mi angustia, una Presencia que guía mis pasos, un Poder en mi debilidad, una Luz que se esconde hasta que crezca lo suficientemente fuerte como para vivir en la Luz para siempre, de verdad. En verdad, caminamos juntos hasta que un día la Luz saque luz de la oscuridad.

Mi compañero constante hoy es el dolor: un dolor punzante y constante. Su presencia parece alejar todo pensamiento de Ti, mi Jesús. Tu presencia compite con el sufrimiento por mi atención. Los dos no son compatibles en este momento. Sin embargo, ¿es así? ¿Es el dolor o la autocompasión lo que me distrae de Ti? El dolor es un sentimiento fuerte, y Tu Presencia es una experiencia de fe, de búsqueda. Si Tú me dieras un gran consuelo con mi dolor, un buen sentimiento tendría que superar a un sentimiento doloroso. Sería una especie de analgésico espiritual. Como una aspirina, duraría poco tiempo y de nuevo se desataría la batalla por el dominio. ¿Hay alguna luz que quieras darme, mi Señor? ¿Hay algún punto que se me escapa? ¿No he dejado de ver el bosque por los árboles? Sí, en lugar de vernos juntos, Jesús mío, nos he visto separados: Tú, allá arriba, en alguna parte, y el pobre yo aquí abajo, buscando ayuda y alivio. Lo que no me he dado cuenta es que Tú ya me has dado alivio a través de la medicina y los médicos, y el dolor que queda también eres Tú, realmente Tú. No sólo estás en el dolor, sino que sufres ese dolor conmigo. No permites el sufrimiento en mi vida y luego te quedas atrás y observas mi reacción. ¡No, Tú sufres cada latido conmigo, pues nos dijiste que cuando estamos enfermos y alguien nos visita, nos consuela, alivia nuestro malestar, te está dando ese cuidado amoroso a Ti! No necesito buscarte fuera de mi sufrimiento. No necesito explicar cada dolor. Tú lo sientes conmigo—estamos unidos—mi dolor es el tuyo, y tu dolor es el mío. Me curo al sentir cada latido; me transformo al aceptar cada nueva oportunidad; soy más poderoso al ser más consciente de mi debilidad. Mis ojos se vuelven lentamente hacia los tuyos, y nos contagiamos mutuamente de las lágrimas en la copa de la Voluntad del Padre. El amor de tu corazón toca el mío, y una nueva fuerza surge a través de mí cuando juntos nos entregamos por la salvación de las almas. "Ahora me alegro cuando tengo que sufrir por ustedes, pues así completo en mi carne lo que falta a los sufrimientos de Cristo" (Colosenses 1:24). Tu presencia está tan cerca que no la veo; tu dolor está tan entrelazado con el mío que no lo distingo de mis sentimientos. Estás tan cerca que casi te pierdo por completo. No me extraña, busco y no encuentro. ¿Cómo se puede buscar a quien no falta, buscar a quien ya está presente, gritar a quien conoce sus propios pensamientos? Sí, mi dolor es sólo la mitad de una parte, una pequeña porción. Tú también lo soportas. De repente parece tan poco.

Señor mío, muéstrame Tu Voluntad. Mi fe vacila a veces porque Tu Providencia en mi vida se despliega sólo en formas diminutas. Como las piezas de un mosaico gigante, sólo veo una pequeña pieza a la vez. No puedo ver o entender el lugar de cada pieza o cómo se suma a la belleza del conjunto. Cada pieza, por sí misma, parece tan insignificante y su belleza tiene poca importancia. Debo confiar en que esta cruz, el dolor, la incomprensión y la humillación forman parte del mosaico que retrata mi vida y su ascenso hacia Ti. Me pongo a mí mismo y a los que he podido ofender inconscientemente en Tu Corazón. Te pido que los consueles y los ilumines. Dales paz y comprensión, y que se haga Tu voluntad en sus vidas y en la mía.

Señor, Padre, dame la gracia de entender cómo mi alma está hecha a tu imagen. Una Voz habló una Palabra, y el poder de esa Voz en la Palabra creó el universo. Tú, Señor Padre, eres la Voz; la Palabra que siempre hablas es Jesús, y el poder es el Espíritu.

Deja que mis pensamientos sean expresados por Tu Palabra, y que el poder de Tu Espíritu toque todos los corazones que escuchan esa Palabra. Las palabras humanas sólo transmiten conocimientos o mensajes, pero cuando mis pensamientos son compasivos y misericordiosos, las palabras que expresan esos pensamientos son humildes y amables. Hay un gran poder en estos frutos del Espíritu. Permíteme apartarme y permitir que Él exprese a Jesús a través de mí en el momento actual. Deja que Tu vida trinitaria se manifieste en mi alma por mi amor al prójimo y mi unión con Tu Voluntad.

Las pruebas y ansiedades de la vida diaria son como una nube que hace que mi camino contigo sea duro e incierto. Mi horizonte parece sólo tan lejano como mis propias huellas. Las preguntas y las dudas se arremolinan en torno a mis pensamientos y dificultan las decisiones claras. Entonces me doy cuenta de que, de alguna manera, he permitido que yo mismo, las personas y las cosas posean de tal manera mis pensamientos que todo es un laberinto de confusión. He mirado "hacia abajo" y "por" en lugar de "hacia arriba" y "hacia ti". Mi alma se ordena sólo con el recuerdo de Tu imponente y silenciosa Presencia, una

Presencia que saca a la luz la mezquindad de las cosas que me perturban. La profunda realidad de Tu Presencia en el momento actual y en mi alma disipa mis ansiedades y dudas. Haz que siempre mantenga mis ojos en Ti y encuentre mi esperanza en el cumplimiento de Tu Santa Voluntad.

Oh Dios, Tu poder es tan manifiesto en una tormenta y Tu belleza en un amanecer, y sin embargo no veo Tu Poder en las tormentas de mi vida ni Tu Bondad en las alegrías que le siguen. Parece que siempre es más fácil ver Tu mano en la vida de los demás, o en la naturaleza. Mi fe es débil, Señor; aumenta mi fe. Haz que Tu Divina Presencia en los acontecimientos del momento actual sea tan visible para mí como la tormenta o el amanecer. Haz que Tu Sabiduría venga a mi mente cuando no entienda el razonamiento o la falta de razonamiento en las pruebas de la vida. La injusticia lleva al resentimiento, la persecución lleva a la ira; la falta de compasión por mí mismo lleva a la culpa: todo esto abarrota mi alma cuando te pierdo de vista, oh Dios. Llévame de la mano, guía mis pasos, inspira mi corazón para que te vea en todas las cosas.

Amor y Salvación

No Hay Amor Más Grande

Amor probado

Todo ser humano necesita amar y ser amado. También existe la necesidad de manifestar ese amor. Desgraciadamente, el concepto de cada persona para demostrar el amor es tan variado que el receptor a menudo se pierde la prueba.

La idea de una persona de demostrar su amor es haciendo cosas: comprando regalos y siendo considerado. Un marido puede demostrar su amor siendo un buen proveedor, y una esposa siendo una buena cocinera.

Los hijos demuestran el amor siendo obedientes, y la ausencia de obediencia pone en duda el verdadero amor. Los amigos manifiestan el amor mediante el compañerismo y los objetivos mutuos.

Todas estas manifestaciones de amor implican algo bonito, algo agradable, algo bueno. Sin embargo, la forma en que se nos demuestra el amor puede no ser de nuestro agrado, y a menudo nos negamos a aceptar la forma particular en que un individuo demuestra su amor.

Nos perdemos importantes señales de amor porque nos negamos, consciente o inconscientemente, a aceptar la forma en que los demás nos demuestran su amor.

La falta de aceptación del modo particular y a veces peculiar en que los demás manifiestan su amor provoca agonía y soledad en el corazón humano. Nos sentimos constantemente ofendidos por lo que creemos que es una falta de atención por parte de los que amamos.

La incomprensión provoca frialdad y disensión porque el corazón humano, que desea tanto ser amado, no está dispuesto a aceptar la forma en que una persona expresa su amor.

A menudo somos exigentes en nuestro deseo de amor, y las pequeñas muestras de afecto de amigos y familiares se pierden en un laberinto de egoísmo.

Los padres a veces exigen a sus hijos una media escolar de "todo sobresaliente" como prueba de amor. Aunque nunca se menciona el amor, la decepción por la laboriosa adquisición de una "F" pone el énfasis en un conjunto de valores equivocado. El esfuerzo no se aprecia como una marca de amor; en su lugar se exige una nota alta.

Incluso los regalos se aceptan con una visible falta de aprecio porque ese artículo en particular no era nuestra idea de un regalo, de una manifestación de amor.

La vida se complica mucho cuando esperamos que los demás manifiesten el amor de la manera que deseamos. Nuestros temperamentos, personalidades, gustos y aversiones son tan diferentes que es imposible manifestar siempre el amor a satisfacción de todos.

Tal vez sea ésta la razón por la que Jesús nos pidió que amáramos como Él ama. Es parte del amor desinteresado cuando aceptamos y estamos en sintonía con la menor manifestación de amor de los demás y apreciamos sus particulares muestras de afecto.

Así como echamos de menos las señales de amor de nuestro prójimo, también las echamos de menos de Dios. Dios está haciendo constantemente cosas amorosas por cada uno de nosotros. Siempre nos está proveyendo, protegiendo, alimentando, perdonando y amando. No pasa un solo momento de nuestra vida sin que Él haya hecho algo bueno por nosotros o para nosotros.

¿Por qué muchos de nosotros pasamos por la vida sin hacer nunca un acto de alabanza o de agradecimiento a Dios por toda su constante y amorosa atención?

Una de las razones por las que la gente se pierde esta atención amorosa es porque tratan a Dios de la misma manera que tratan a su prójimo. La forma en que Dios manifiesta su amor por ellos nunca es la forma en que ellos piensan que debería ser.

Rara vez le damos las gracias por nuestro nacimiento, pero a menudo cuestionamos Su propósito al crearnos. Rara vez le agradecemos la salud, el talento o la fuerza, pero Él es el primero en escuchar nuestras quejas si perdemos alguna de estas cualidades.

Damos por sentado nuestro aliento, nuestra vista y nuestro oído, y sólo somos conscientes de la asombrosa maravilla de estas facultades cuando desaparecen o se nos escapan gradualmente. Entonces miramos a Dios como un Creador injusto que nos ha quitado algo que era nuestro por derecho.

Somos, en general, un lote variado de personas extrañas que claman a Dios con angustia de corazón cuando estamos en necesidad y esperan una respuesta inmediata como prueba de Su amor y preocupación. Nunca nos cuestionamos nuestra sabiduría, sino que analizamos y desmenuzamos Sus juicios al respecto.

Si queremos ver los signos de amor de Dios en nuestras vidas individuales y no correr el riesgo de vivir en la oscuridad, debemos mirar la vida de Jesús y ver qué pruebas de amor nos dio a cada uno de nosotros.

Puede que las muestras de amor que Él da no sean de nuestro agrado, pero eso es culpa nuestra, no Suya. Si nos ponemos en sintonía con las constantes pruebas de amor de Dios hacia nosotros, entonces nos pondremos más en sintonía con las muchas señales de afecto que otros intentan darnos.

Amor silencioso

Isaías había profetizado que, cuando el mundo estuviera en silencio—en la oscuridad de la noche—el Hijo Eterno bajaría de un salto a habitar entre nosotros (Sabiduría 18:14-15). Es muy extraño que el Padre eligiera un momento tan tranquilo.

Los hombres y las mujeres habían esperado y rezado por esta gran ocasión y, sin embargo, ocurrió como si fuera un gran secreto, un secreto que los ángeles y las estrellas no podían guardar. Seres espirituales con grandes inteligencias revelaron el secreto a pastores incultos. Una estrella inanimada reveló el secreto a los Reyes Magos, hombres de gran inteligencia humana.

El amor de Dios por nosotros parece deleitarse en las contradicciones. Es como si deseara que le buscáramos. La mayor maravilla de todas es que vino y vivió como uno de nosotros.

¿Hay algún ser humano que pueda comprender la humillación de un Dios que se hace hombre? Nuestro orgullo es tan grande que esta muestra de amor por parte de Dios se pierde para la mayoría de nosotros.

Es algo así como que un genio se convierta en hormiga sólo porque le gustan las hormigas. Este símil no es nada comparado con Dios convirtiéndose en hombre, porque tanto el genio como la hormiga son seres creados.

Cuando pensamos que el Increado se rebaja al nivel de Sus criaturas, nos hacemos una pequeña idea de por qué los ángeles y las estrellas tuvieron que proclamar este acto de amor sin precedente.

Desgraciadamente, la mayoría de los hombres estaban dormidos para esta ocasión trascendental y se perdieron el susurro de Dios en el grito de un Niño que decía: "Te amo".

La mayoría de los hombres, que corren detrás de sus juguetes y jugueteos, no escuchan el Amor Silencioso de Dios en la vida de Jesús.

Tal vez esto sea cierto porque no equiparamos el amor probatorio con el sacrificio o el dolor, y sin embargo, al contemplar la vida de Jesús encontramos que casi todos los actos de amor, tanto para Su Padre como para nosotros, fueron sacrificados o dolorosos.

¿Será por eso que hay menos matrimonios exitosos, menos amistades duraderas, menos héroes admirados y por qué menos hombres y mujeres tienen la determinación de ser santos como Él es santo? Nos estamos volviendo más egoístas en nuestras actitudes y con ese egoísmo, esa falta de deseo de sacrificarse por el prójimo viene una soledad que nunca antes habían experimentado tantas personas en todo el mundo.

Los días de la caballería no tienen por qué haber terminado. Los días en que los hombres ricos se vuelven pobres y los pobres pierden su hogar y su terreno por Dios, no tienen por qué ser una cosa del pasado o una esperanza del futuro: puede ser ahora.

Debe haber en cada Cristiano ese testimonio silencioso de amor, esa fuerza de carácter que proviene de un sacrificio voluntario hecho por amor.

San Pablo lo expresó bellamente cuando dijo a los filipinos "Él compartía la naturaleza divina, y no consideraba indebida la igualdad con Dios, sin embargo se redujo a nada, tomando la condición de siervo" (Filipenses 2:6-7).

¿Cuántos de nosotros practicamos este Amor Silencioso por el prójimo? Nos resulta tan difícil renunciar a nuestras opiniones, a nuestra voluntad y a nuestros deseos cuando está en juego el bien del conjunto. No podemos vaciar nuestro corazón del deseo de tener razón, de ser considerados talentosos, de tener éxito en toda empresa.

¿Estamos dispuestos a ver a otros, más jóvenes y brillantes, hacer las cosas que nosotros quisimos hacer y no pudimos? Porque el Amor Silencioso no forma parte de nuestra vida cotidiana, los jóvenes se impacientan con los mayores, los ancianos tienen envidia de los jóvenes, los de mediana edad piensan que el mundo entero está en sus manos sin pensar en el mañana, y muchos lamentan sus ayeres. No quieren hacerse a un lado ni alegrarse de los talentos que poseen otros, más jóvenes o mayores.

El amor elimina el descontento, la inquietud y el desánimo. Se hace a un lado de buena gana. Está dispuesto a abandonar una discusión cuando no se puede lograr nada bueno, dispuesto a ser considerado incorrecto aunque Dios sabe que es correcto.

El Amor Silencioso prefiere a los demás antes que a sí mismo, como hizo Jesús. Está dispuesto a aceptar una porción menor, con tal de que el que ama tenga una porción mayor. Está dispuesto a dejarlo todo, incluso a sí mismo, por el Reino y el bien del prójimo.

Al pensar en el testimonio del Amor Silencioso, nos damos cuenta de que Jesús prefirió este tipo de amor incluso después de Su aparición en la tierra. Nació en un establo, con frío y viento, con sólo el Amor Silencioso de María, José y los pastores. La idea de cualquier ruido en este momento tan impresionante hace que el alma retroceda. Todo el acontecimiento fue un Amor Silencioso. Se contentó con que sólo los de los siglos futuros apreciaran este momento solemne. Soportó la indiferencia del mundo porque Su Amor se elevó por encima de la tibieza.

Él amaba silenciosamente a los hombres desde lejos, desde una fría cueva. Su amor se mantenía fuerte como un centinela en la noche, vigilando a los que eran totalmente inconscientes de Su Presencia.

¿Nos conformamos alguna vez con amar de lejos? A todos nos cuesta dar el Amor Silencioso y aún más recibirlo. Queremos que el amor se manifieste y, sin embargo, ¿quién puede decir que no nos amó soportando la indiferencia del mundo, cumpliendo amorosamente la Voluntad del Padre?

Nació en medio de la tibieza de los hombres y murió en medio de su oprobio. Su amor pudo haber sido silencioso para muchos de su tiempo, y ellos pudieron haberse quejado de que Él hubiera venido en una llamarada de gloria celestial y se hubiera impuesto sobre ellos. Pero parte del Amor de Dios era Silencioso y se contentó con estar en medio de ellos amándolos silenciosamente y cuidándolos sin recompensa, sin retorno.

En la vida de todo ser humano hay quienes debemos amar de lejos. Hay quienes nos odian, les molesta nuestra presencia y les irritan nuestras opiniones. Nuestro amor por ellos debe ser constante aunque sea silencioso. "Amen a sus enemigos y recen por sus perseguidores" (Mateo 5:43-48). Esto es ciertamente Amor Silencioso, porque un enemigo no es consciente de nuestro amor: su odio ciega su discernimiento del amor.

Hay muchas formas en las que podemos y debemos practicar el Amor Silencioso. Los ancianos deben amar a los que les han olvidado. Los jóvenes deben amar a sus padres con ese amor fuerte que a menudo es silencioso porque la vocación o las circunstancias hacen imposible los signos externos de amor.

Debe haber en el corazón de cada Cristiano un Amor Silencioso por todas las personas desconocidas del mundo: personas de otros credos, otras naciones, otras culturas. Debe existir ese Amor Silencioso por la Patria, del tipo que no teme ver sus debilidades, pero que es lo suficientemente fuerte como para defender sus principios si surge la necesidad.

Está el Amor Silencioso que tenemos por todos los enfermos y oprimidos, los hambrientos y los indigentes de todo el mundo.

Sin este Amor Silencioso que siempre arde en nuestros corazones, nos volveremos indiferentes cuando otros estén necesitados. Su situación y su dolor nunca llegarán a nuestros corazones, porque nuestros corazones estarán impregnados de egoísmo si no están llenos de Amor Silencioso, un amor que siempre está listo para ser aprovechado, siempre listo para tender la mano y tocar a los necesitados tan pronto como la necesidad sea evidente.

Amor Oculto

El amor que algunas personas manifiestan es muy oculto, y esto es como Dios quiere. Cuando un amigo defiende la reputación de un vecino que está siendo calumniado, ese amigo está manifestando un Amor Oculto. Puede que la persona criticada nunca sepa de este acto de lealtad, pero Dios lo recompensará porque es lo más parecido a Su propio Amor.

Jesús aconsejó a Sus Apóstoles muy a menudo que practicaran este tipo de amor. Un día les dijo: "Guárdense de las buenas acciones hechas a la vista de todos, a fin de que todos las aprecien. Cuando ayudes a un necesitado, no lo publiques al son de trompetas, ni siquiera tu mano izquierda debe saber lo que hace la derecha: tu limosna quedará en secreto. Y tu Padre, que ve en lo secreto, te premiará" (Mateo 6:1-4).

La realización de muchas obras buenas debe ir acompañada del Amor Oculto, pues Pablo nos recuerda que si diéramos todos nuestros bienes a los pobres sin amor no sería nada (1 Corintios 13:2). Pero Jesús quiere que tanto el amor como la obra estén ocultos. Si no conocemos la causa o la persona responsable de algún acto de caridad hecho por nosotros, entonces no podemos devolver ese acto de amor. Ese acto de bondad en particular está oculto, al igual que el amor que hay detrás de él.

Dios quiere que nuestro amor esté oculto en algunos casos, para purificar nuestros motivos. Jesús dijo a Sus Apóstoles que cuando hacemos un acto de bondad que sólo conoce el Padre, el Padre nos devuelve esa acción—ese acto de amor—con una recompensa.

Este tipo de amor oculto—oculto a nuestro prójimo—es el que más se parece al Amor de Dios. Porque un acto de amor oculto se asemeja al amor puro de Dios por nosotros, nos volvemos, por ese acto, más parecidos a Él.

El Amor Oculto es del tipo que no espera ninguna retribución porque se cuida mucho de que el receptor no sea consciente de ello. El Amor Oculto se complace tanto en ver al receptor beneficiado de cualquier manera, que el reconocimiento personal está fuera de lugar.

Hay muchas formas en que la persona promedio practica el amor oculto, y la mayoría de los receptores de ese amor nunca son conscientes de sus benefactores.

Un hombre puede trabajar horas extra para proporcionar alguna comodidad a su familia, pero la familia puede perder completamente de vista el amor extra manifestado. Una esposa puede pasar mucho tiempo sobre una estufa caliente preparando comida extra para algún día de fiesta, y la familia ignorar totalmente que ella puede no haberse sentido bien en ese momento.

Una sonrisa en el rostro de alguien que sufre contiene un poder oculto cuya verdadera fuente sólo la conoce Dios. ¿Cuántas personas alejan las grandes pruebas de sus seres queridos para no cargarlos con más dolor?

Jesús quería que amáramos a nuestro prójimo con un amor puro, y aunque no es posible que todo nuestro amor esté oculto, hay veces que una manifestación de amor sólo trae más atención a nosotros mismos.

Jesús nos pidió que diéramos fruto para que todos los hombres lo vieran, pero el fruto no debe darse por el motivo de la gloria propia. "Cuando ustedes recen," dijo a sus seguidores, "no imiten a los que dan espectáculo; les gusta orar de pie en las sinagogas y en las esquinas de las plazas, para que la gente los vea" (Mateo 6:5). Aquí vemos que el motivo de una buena acción era la glorificación del yo y la alabanza de los hombres. Se creó una ocasión en la que la recompensa seguiría inmediatamente a la acción.

El Amor Oculto, por el contrario, es humilde y está dispuesto a pasar desapercibido aquí, a esperar pacientemente la recompensa del más allá. "Pero tú, cuando reces, entra en tu pieza, cierra la puerta y ora a tu Padre que está allí, a solas contigo. Y tu Padre, que ve en lo secreto, te premiará" (Mateo 6:6).

El Amor Oculto se extiende a nuestra vida espiritual. Aunque es bueno compartir nuestros pensamientos y gracias con el prójimo, es necesario mantener nuestro interior como un santuario oculto donde sólo Dios vive, reina y al que sólo Él tiene acceso. Nuestras oraciones, como atestiguan los cultos dominicales, edifican al prójimo mediante un testimonio comunitario, pero nuestras oraciones deben elevarse al Cielo cada día como un incienso de alabanza y petición por todas las necesidades temporales y espirituales de nuestro prójimo, y esto se hace en secreto.

Ser amable durante una situación tensa puede ocultar una dolorosa lucha interior por el autocontrol. Nadie sabe lo difícil que es para nosotros controlar nuestro temperamento. Esto se debe a que no solemos equiparar la virtud con el amor. Todos sabemos que el amor debe motivarnos, pero rara vez consideramos la virtud en sí misma como una manifestación del amor personal.

San Pablo se dio cuenta de este aspecto del amor cuando dijo a los corintios que el amor era bondadoso, paciente y sufrido. Un acto de bondad es en sí mismo una manifestación de amor. No es sólo el fruto del amor, es el amor mismo.

¿Nos damos cuenta de que cuando nuestro prójimo es amable con nosotros nos está diciendo "te quiero"? ¿Comprendemos el amor que hay detrás de una respuesta paciente a una afirmación crítica? Hay quienes no saben amar o les cuesta decir "te quiero"; pero poseen la capacidad de mostrar amor siendo amigos amables y pacientes.

El amor tiene una cualidad oculta: un espíritu de cuidado que nunca es egoísta. Aunque San Pablo nos dice que el amor es siempre paciente y bondadoso, también explicó lo que no es el amor.

"El amor", dijo Pablo, "no tiene celos" (1 Corintios 13:4); así que cuando deseamos el éxito a alguien, estamos diciendo: "Te amo". "El amor no actúa con bajeza ni busca su propio interés" (1 Corintios 13:4-5); así que cuando escuchamos a los demás y no nos hacemos pasar por mejores que ellos, estamos diciendo: "Te amo". "El amor nunca es grosero ni egoísta"; y por eso, cuando somos amables y generosos con nuestro tiempo y nuestros talentos, estamos diciendo: "Te quiero".

Quizá una de las cualidades más ocultas del amor es que no "no se deja llevar por la ira y olvida lo malo" (1 Corintios 13:5). Cuando somos demasiado sensibles a lo que la gente dice, o a cómo nos miran, o a lo que piensan de nosotros, no los estamos amando. Cuando nos molestan sus opiniones contrarias y sus rasgos de personalidad, no los estamos amando. Cuando somos tolerantes, comprensivos y objetivos con nuestro prójimo es cuando estamos diciendo que lo amamos. Puede que nuestro prójimo nunca vea nuestro amor cuando somos pacientes o amables con él, pero ante Dios hemos amado en lugar de odiar y hemos sido amables en lugar de enfadarnos. Por eso San Pablo decía que "el amor nunca pasará" (1 Corintios 13:8). Es una cualidad duradera del alma, independiente de toda influencia exterior: está oculto en su esencia y sólo muestra una pequeña parte de su belleza exteriormente.

El amor no desea su propia satisfacción: sólo desea complacer a la persona en la que se vuelca. El amor es sincero, humilde, desinteresado y está dispuesto a cualquier sacrificio. Debe prestar algún servicio a cada ser humano con el que vive o trabaja. La cualidad oculta del amor se manifiesta en la forma de comportarse con el prójimo. Aunque la mayoría de la gente no piensa que somos amorosos cuando somos pacientes, son muy conscientes de lo poco amorosos que somos cuando somos impacientes.

Este Amor Oculto mantiene unidas a las familias y cuando falta, hay en la familia un verdadero infierno. El egoísmo destruye a las personas y a las naciones porque falta la cualidad oculta del amor. Cuando nadie en una familia presta ningún servicio oculto a los demás, esa familia se aleja cada vez más: una casa se convierte en un motel con hermanos y hermanas como residentes.

Debe haber un espíritu de amor entre nosotros y nuestros semejantes, un espíritu que lleve la paz dondequiera que vayamos y dé alegría a todos los que encontremos.

No siempre estamos en condiciones de dar comida o aliviar el dolor, pero siempre podemos dar amor y entonces, quién sabe, los que sufren pueden sentir de repente que todo está bien.

Amor correctivo

"¡Jerusalén, Jerusalén qué bien matas a los profetas y apedreas a los que Dios te envía! ¡Cuántas veces he querido reunir a tus hijos, como la gallina reúne a sus pollitos bajo las alas, y tú no has querido!" (Mateo 23:37).

Uno de los aspectos más difíciles del amor es su cualidad correctiva. Vemos a Jesús llorando por un pueblo al que amaba y que no le amaba a cambio. Sus quejas contra este pueblo no siempre fueron ocultas, como indica la cita anterior. Arremetió contra los abogados, los escribas y los fariseos por su hipocresía, pero en esas palabras airadas había un corazón lleno de amor.

Jesús trató de sacar a la luz sus defectos ocultos, sus motivos secretos y sus acciones hipócritas, pero no aceptaron este aspecto del amor de Dios: no calaron la profundidad de su amor.

Jesús sabía que cada vez que corregía a alguien, incluso a los Apóstoles, corría el riesgo de perder su amistad, pero su amor era totalmente desinteresado. Buscaba el amor de los demás no por él, sino por ellos.

Su amor era puro: sólo buscaba el bien de quien amaba y nunca buscaba ninguna ventaja para sí mismo. Por eso podía corregir a Sus Apóstoles cuando no estaban a la altura de sus expectativas.

Cuando Pedro hizo su profesión de fe en la Divinidad de Cristo, Jesús le llamó "Roca" y le prometió construir su Iglesia sobre esa roca. Pero cuando la naturaleza humana de Pedro se impuso y se rebeló contra la idea de la muerte de Jesús, Jesús le llamó "Satanás" (Mateo 16:18 y 23). En el Cenáculo, en la Última Cena, Pedro no permitió que Jesús le lavara los pies y Jesús le recordó que, a menos que aceptara la humildad del Evangelio y viviera de acuerdo con él, se separaría de su Maestro para siempre (Juan 13:8). Jesús no dudó en corregir a Pedro, pero su motivo para hacerlo fue su amor por él.

Es difícil corregir a alguien, pero el amor lo hace posible y el amor amable quita el aguijón de la corrección para que la persona reprendida entienda que detrás de la reprimenda hay una preocupación amorosa.

Cuando la ira egoísta se mezcla con una corrección, el tono de voz y la falta de razón hacen que la corrección sea difícil de aceptar.

El orgullo se rebela contra la corrección, pero el amor hace posible y soportable la corrección. Porque Dios es nuestro padre, nos poda y nos muestra nuestras debilidades. El autoconocimiento que nos hace tan miserables a veces es una luz especial de nuestro Padre, que nos ve y nos conoce perfectamente.

Su Sabiduría ordena y reordena cada faceta de nuestra vida para hacernos conscientes de aquellas áreas que necesitan un cambio. Es su signo especial de amor. Aunque es difícil ver Su amor en todas nuestras pruebas y dolores, al menos podemos reconocer Su obra al mirar nuestro pasado y darnos cuenta de cómo trabaja en nuestra vida diaria.

San Pablo dijo a los hebreos que Dios los trataba como hijos cuando los corregía. Vemos este amor tranquilo en Jesús cuando sabía que Sus Apóstoles se rebajaban a ambiciones mezquinas. "Jesús les preguntó: "¿De qué venían discutiendo por el camino?" Ellos se quedaron callados" (Marcos 9:33). Su silencio no impidió que Jesús aprovechara la oportunidad para desenmascarar y sanar sus ambiciosos deseos.

"Entonces se sentó, llamó a los Doce y les dijo: 'Si alguno quiere ser el primero, que se haga el último y el servidor de todos'" (Marcos 9:35). Jesús no se opuso a su deseo de ser grandes en el Reino, pero cuando sus ambiciones se volvieron mundanas, orgullosas y arrogantes, se vio obligado por amor a mostrarles la verdadera grandeza. Deseaban ser los primeros por su propio bien, para tener el placer de señorear a los demás, pero Jesús les hizo comprender la verdadera grandeza.

En el reino de este mundo, los hombres buscan ser los primeros. En el Reino de Dios, los hombres deben buscar ser los últimos y Dios mismo los levantará. Para que no malinterpreten su reprimenda y exageren sus exigencias, "Después tomó a un niño, lo puso en medio de ellos, lo abrazó y les dijo: "El que recibe a un niño como éste en mi nombre, me recibe a mí; y el que me recibe, no me recibe a mí, sino al que me ha enviado"" (Marcos 9:37).

Su amor por ellos no le cegó ante sus defectos, y no le impidió corregir las debilidades peligrosas. Los Apóstoles empezaban a pensar más en sí mismos y en sus posiciones individuales en el Reino que en el propio Reino. La autogratificación era lo más importante en sus mentes. De repente, sus vidas se complicaron. Su entusiasmo inicial por seguir a Jesús y estar con Él degeneró en un deseo de gloria personal.

Cuando empezaron a seguirle, eran como niños; su único pensamiento era Jesús y su celo por predicar la Buena Nueva los llevaba a hacer muchos sacrificios. Pero cuando los poderes que Jesús les dio hicieron que fueran buscados por la gente, sus mentes comenzaron a volverse hacia adentro y perdieron esa simplicidad tan necesaria para hacer grandes cosas. Empezaron a discutir entre ellos y a tener pensamientos de envidia.

Cualquier otro líder no los habría corregido como lo hizo Jesús. Un líder de hoy en día podría encontrar tal escena interesante y considerar al superviviente de tal intriga como un hombre fuerte mientras que los que perdieron eran débiles.

Jesús vio lo bueno de cada Apóstol. A todos les dijo que la verdadera grandeza consistía en ser servidor de todos y no en ser servido por todos. Su amor hizo que su corrección fuera suave e instructiva. No sólo les dijo que estaban equivocados, sino que les explicó lo que debían hacer para agradar al Padre.

El Amor Correctivo no sólo ve los fallos, sino que explica por qué esos fallos están mal y qué se puede hacer para cambiarlos.

Vemos, sin embargo, que el amor de Jesús no siempre fue suave al corregir. Hay almas cuyo estado de pecado es tan profundo, que sólo una corrección severa puede penetrar a través de las capas de racionalización que hacen de uno un pecador endurecido.

En el Evangelio de San Juan leemos que "justo antes de la Pascua judía, Jesús subió a Jerusalén y en el Templo encontró a gente vendiendo ganado, ovejas y palomas, y a los cambistas sentados en sus mostradores. Haciendo un látigo con unas cuerdas, los echó a todos del Templo, también al ganado y a las ovejas, esparció las monedas de los cambistas, derribó sus mesas y dijo a los vendedores de palomas: "Saquen eso de aquí y no conviertan la Casa de mi Padre en un mercado" (Juan 2:13-17).

El Amor Correctivo de Jesús se potenciaba o templaba según la necesidad de la persona corregida. En este incidente encontramos a Jesús expulsando a las ovejas y al ganado con una cuerda. Vemos cómo arde su ira cuando revuelve las mesas de dinero y las monedas de varias naciones salpican todo el patio. Los cambistas parecían ser el objeto principal de su ira. Miró con rabia a aquellos cambistas y dijo: "Mi casa será llamada casa de oración para todas las naciones? ¡Pero ustedes la han convertido en una guarida de ladrones!" (Marcos 11:17-18).

El negocio fuera del Templo era un negocio legítimo. La gente de todas las naciones tenía que comprar ganado y ovejas para sacrificar y cambiar su dinero por la moneda del reino. Los pobres que no tenían dinero o ganado que ofrecer para la presentación de sus primogénitos compraban palomas.

Pero lo que comenzó como una necesidad se convirtió en maldad, y hombres codiciosos utilizaron la inocencia de los extranjeros para engañar y robar, y lo hicieron en los recintos del Templo. La ira de Jesús era justa, y como no era egocéntrica tuvo la presencia de ánimo para regular su ira. Cuando vio a los que vendían las palomas a los pobres, se limitó a pedirles que tomaran sus palomas y las sacaran del Templo.

El hermoso patio de la Casa de su Padre se había convertido en escenario de mentiras y engaños y estaba lleno del ruido de un mercado. La paz y la belleza que había antes, destinadas a preparar el corazón para la oración, habían desaparecido. Su celo se convirtió en ira, una ira justa, una ira que se preocupaba por la gloria de su Padre. Hay un aspecto de este relato que a menudo se nos escapa. La flagelación y el vuelco de las mesas fue una manifestación externa del grado de maldad en que había caído esta gente.

Fue una reprimenda provocada por el Amor Correctivo en el Corazón de Jesús. Todo el mundo sabría a partir de ese día exactamente lo que Dios sentía al mezclar la codicia y el espíritu de este mundo con el culto. Todos los que fueron víctimas de Su ira podrían, si así lo quisieran, aprender una lección, arrepentirse de sus pecados y ayudar a hacer del Templo de Dios la Casa de Oración que Él quería que fuera.

Hay muchos otros incidentes del Amor Correctivo de Jesús en los Evangelios, pero podemos ver por los pocos mencionados que un amor sincero y profundo no puede quedarse quieto mientras los que ama se destruyen. Puede ocurrir que después de las reprimendas, advertencias y correcciones, los que amamos no cambien, pero ahí nuestro Amor Correctivo se manifiesta en la oración. Pide y suplica al Padre que ilumine y perdone a todos aquellos cuya voluntad se vuelve contra Él.

El Amor Correctivo es siempre vigilante, atento y gentil. No es egoísta ni tiene miedo. A menudo se le malinterpreta y, con mayor frecuencia, se le malinterpreta, pero persevera hasta el final, siempre amando y cuidando.

El amor paciente

Hay en cada uno de nosotros un elemento de amor que está dispuesto a esperar. Esta es una de las cualidades consoladoras del Amor de Dios por nosotros. El Amor del Padre no disminuye cuando le ofendemos: es nuestro amor el que ha disminuido. En algún momento nos hemos amado más a nosotros mismos que a Dios. También nos hemos preferido a nosotros mismos antes que a Dios, y el resultado de tal acción es el pecado.

Cuando nuestro prójimo a su vez nos ofende, somos muy diferentes a Dios, pues nuestro amor por ese prójimo disminuye. Es similar a que nuestras luces eléctricas se apaguen durante una tormenta: una parte del sistema eléctrico se apaga momentáneamente y todas las luces se quedan sin electricidad.

Aunque el que nos ofende o insulta tenga menos amor por nosotros en ese momento, nuestro propio amor por él debe continuar. Debemos ser pacientes con las debilidades de nuestro prójimo y estar dispuestos a esperar con amor, algún cambio manifiesto en su vida.

Un día Pedro le preguntó a Jesús cuántas veces debía perdonar a su prójimo. En otras palabras, cuánto tiempo debía esperar para que su prójimo superara sus debilidades. Pedro pensó que si perdonaba a su hermano siete veces sería ciertamente suficiente tiempo y suficientemente generoso en misericordia. La respuesta de Jesús fue: "No te digo siete, sino setenta y siete veces" (Mateo 18:21-22).

Puede que no seamos conscientes de que estamos amando cuando perdonamos, pero quizá sea una de las pocas veces que amamos con un amor puro. Puede que nuestro corazón siga sintiendo el dolor punzante de la ofensa, pero cuando nuestro prójimo dice que lo siente y le perdonamos de corazón, entonces estamos diciendo: "Te amo".

Si la ofensa se repite una y otra vez, y una y otra vez se busca el perdón, entonces nuestro amor debe estar siempre ahí para mantenerse firme como una vara cerca de una caña rota, sosteniendo y animando.

Jesús nunca entregó a nadie. Llamó a Judas "amigo" en el Huerto de los Olivos y pidió al Padre que perdonara a los que le crucificaron porque no sabían lo que hacían.

Jesús hizo una distinción entre una ofensa y su reacción a esa ofensa. De alguna manera separó las dos cosas por medio del amor. Cuando nos sentimos ofendidos, nos unimos tanto a la ofensa que se apodera de nuestras almas y borra de nuestras mentes cualquier otro pensamiento.

Comemos, dormimos y bebemos la ofensa, nuestros espíritus se vuelven rebeldes, nuestras almas perturbadas, nuestras mentes resentidas. Nos convertimos en lo que son nuestros pensamientos, y nuestra vida se convierte en una pesadilla...

No vemos esto en Jesús, y no podemos pasar por alto este hecho diciendo que, después de todo, era Dios. Él vino con el propósito de darnos un ejemplo para vivir, y debemos averiguar cómo hizo lo que hizo.

Su amor por sus enemigos fue mayor que su malicia. Su amor por Sus Apóstoles fue mayor que sus debilidades. Su amor por los pecadores fue mayor que sus pecados; Su amor por los pobres mayor que su necesidad. Su amor por los enfermos fue mayor que la ingratitud que muchos manifestaron cuando se les devolvió el don de la salud.

A lo largo de su vida, su amor fue siempre mayor que el dolor que le infligieron sus criaturas. Tal vez sea aquí donde fallamos nosotros. Nuestro amor a menudo es menor o no está muy por encima de una ofensa. El ensayo constante de las debilidades de nuestro prójimo en la Casa de Juegos de nuestra Memoria pronto agota nuestro corazón de amor y nuestra Voluntad de perseverancia.

Nuestro amor se agota pronto si no nos apegamos a esa fuente ilimitada de amor: Jesús. Nuestro amor no es tan fuerte como nuestra tendencia al resentimiento y la ira. Si lo fuera, aprovecharíamos cualquier ocasión para practicar la virtud e imitar a Jesús.

Si deseamos que nuestro amor se fortalezca, debemos estar dispuestos a esperar, a soportar, a perdonar y a olvidar.

Sin embargo, hay momentos en los que el amor toma un giro extraño. ¿Qué hacemos con aquellos que no nos hieren personalmente, pero cuyas debilidades causan grave escándalo? Jesús responde a este dilema diciendo: "Si tu hermano ha pecado, vete a hablar con él a solas para reprochárselo". Este encuentro con el hermano descarriado es un acto de amor porque se hace en privado. La preocupación por el individuo nos hace ir hacia él y la bondad nos hace querer corregirlo a solas sin la vergüenza de los testigos. Es, pues, el amor el que mueve nuestra voluntad de actuar y actuar con bondad. "Si te escucha, has ganado a tu hermano", nos asegura Jesús (Mateo 18:15).

Sin embargo, "si no te escucha, toma contigo una o dos personas más, de modo que el caso se decida por la palabra de dos o tres testigos" (Mateo 18:16). El amor es imperturbable. Es posible que nuestra personalidad individual haya nublado nuestra razón en nuestros esfuerzos por corregir a nuestro hermano; entonces es necesario procurar la ayuda de otros más conocedores para que nos ayuden a conducir al hermano descarriado de vuelta al redil.

Si este amor perseverante no surte efecto, Jesús nos da el siguiente paso, al decir: "si se niega a escucharlos, informa a la asamblea. Si tampoco escucha a la iglesia, considéralo como un pagano o un publicano" (Mateo 18:17). Los que escuchaban a Jesús sabían perfectamente lo que quería decir. Un pagano o un recaudador de impuestos era un paria. Estaba excomulgado del Templo y no podía entrar hasta que los sacerdotes del Templo le dieran su permiso para hacerlo. Este permiso sólo se concedía si se aceptaba al único Dios en el caso de un pagano, y un cambio completo de vida en el caso de un recaudador de impuestos.

Lo mismo ocurrirá en la Nueva Alianza. Jesús terminó esta instrucción diciendo a Sus Apóstoles: "Todo lo que aten en la tierra, lo mantendrá atado el Cielo, y todo lo que desaten en la tierra, lo mantendrá desatado el Cielo" (Mateo 18:18).

Esta era la segunda vez que Jesús hacía la declaración sobre el poder de atar y desatar en la tierra. Cuando Pedro hizo su profesión de fe en la Divinidad de Jesús, se le dijo que era la Roca sobre la que Jesús construiría su Iglesia. Fue entonces cuando Jesús dio a Pedro y a todos los Apóstoles el poder de atar y desatar. "Y ahora yo te digo: Tú eres Pedro (o sea Piedra), y sobre esta piedra edificaré mi Iglesia; los poderes de la muerte jamás la podrán vencer. Yo te daré las llaves del Reino de los Cielos: lo que ates en la tierra quedará atado en el Cielo, y lo que desates en la tierra quedará desatado en el Cielo" (Mateo 16:18-20).

No todos desean el perdón por una ofensa o tienen la determinación o la voluntad de cambiar su vida. El pecado se convierte en una forma de vida tal que todas las súplicas y razonamientos del mundo no tienen ninguna influencia sobre ellos. Este tipo de persona no está perdida del todo, pues mientras le quede un solo aliento en su cuerpo hay esperanza de salvación. El amor de Dios seguirá persiguiéndolo y acosándolo para apartarlo del mal.

Sin embargo, el hecho es que un pecador impenitente, un endurecido en el pecado, una persona que disfruta con el mal puede influir en almas más débiles hacia los mismos pecados. El amor al pecador individual y a la comunidad exige algún tipo de separación hasta que ese individuo haya cambiado su vida.

En el orden natural, separamos a una persona con viruela de la sociedad para mantener la infección bajo control. Cualquier persona con una enfermedad altamente infecciosa debe ser mantenida fuera de la comunidad por dos razones. La primera es por el bien del propio enfermo. El aislamiento le permite recuperar su salud. La segunda razón es la protección de los débiles y los fuertes contra el contagio. Esto también es cierto en el orden sobrenatural. El individuo que se muestra incorregible o que persiste en una vida de pecado no puede participar en la vida de la Iglesia. La Iglesia no puede condonar su maldad.

Vemos este atar y desatar en la Iglesia primitiva. Los corintios tenían entre ellos a un hombre culpable de incesto. La ira de San Pablo se encendió cuando se enteró de este pecado. Su condena fue fuerte y rápida. Después de reprender a la comunidad por no haber expulsado a ese hombre, dijo: "Sepan que ya he juzgado al culpable como si estuviese presente, pues estoy ausente en cuerpo pero presente en espíritu" (1 Corintios 5:3-4).

Aquí Pablo está ejerciendo un poder especial que le fue dado por Jesús para desatar y atar. "Reunidos ustedes y mi espíritu, en el nombre de nuestro Señor Jesús y con su poder, entreguen ese hombre a Satanás; que lo pierda todo, pero que se salve el espíritu en el día del juicio" (1 Corintios 5:4-5). Pablo les recordó que este poder de desatar y atar era el poder de Jesús, no el suyo. Como ministro de ese poder, Pablo estaba expulsando públicamente al hombre culpable de toda la comunidad cristiana. Este castigo debía ser administrado durante su servicio comunitario para que todos supieran que esta acción fue tomada por el Poder de Jesús dado a Pablo.

Sin embargo, el amor era la raíz de lo que parecía en la superficie un duro castigo. La acción se llevó a cabo para que el hombre se diera cuenta del grave pecado que había cometido y le ayudara a ser más consciente de su gravedad. El hecho de que el autor de este mal acto fuera un Cristiano lo hacía más grave. Si un hombre así no fuera castigado públicamente, sus acciones se tomarían como algo aceptable para la Iglesia.

Pablo dejó claro que no era posible que un Cristiano se desvinculara de todas las personas inmorales del mundo. "En mi carta les decía que no tuvieran trato con la gente de mala conducta. Por supuesto que no me refería a los no-Cristianos que practican el libertinaje sexual, a los que quieren tener siempre más, a los que se aprovechan de los demás o a los que adoran a los ídolos. De ser así, ustedes tendrían que salir de este mundo" (1 Corintios 5:10-11).

Si los Cristianos de hoy se mantuvieran alejados de los compañeros Cristianos que mienten, engañan, se emborrachan o son inmorales, nuestra lista de amigos se vería muy reducida. Sí, el comentario más triste en el mundo de hoy es la constatación de que hay poca diferencia entre paganos y Cristianos.

El hombre que fue excomulgado de la comunidad cometió un pecado que la mayoría de los paganos no habrían cometido. Esto fue un escándalo. Era comprensible que alguien que no conocía a Jesús fuera capaz de cometer pecados terribles, pues sin Él no podemos hacer nada bueno. Ver a un compañero Cristiano cometer semejante pecado, una persona en la que el Espíritu de Dios tenía su morada, era inexcusable. La decisión tomada por el hombre no era razonable. Para satisfacer su lujuria expulsó de su alma la misma Presencia de Dios. Se eligió a sí mismo por encima de Dios y de la Comunidad. La Comunidad no tuvo más remedio que dejar al hombre solo.

Era un ejemplo visible de la existencia del infierno. El alma rechazó a Dios, dejó de amar a la Comunidad en la que vivía afligiéndola, y con ello se apartó del amor y de la paz. Afortunadamente, el hombre estaba arrepentido, pues leemos en la Segunda de Corintios: "Ya le basta la reprensión que recibió de la comunidad. Ahora es mejor que lo perdonen y le den ánimo, no sea que la pena sea más grande de lo que pueda soportar. Les ruego, pues, que le demuestren afecto" (2 Corintios 2:6-8).

En este incidente vemos a Pablo atando y soltando, imponiendo un castigo y liberando el castigo. Lo hizo "por el Poder de Jesús" en él, y lo hizo por amor al hombre y a la Comunidad. El amor exigía su preocupación, castigaba para dar luz, y perdonaba totalmente cuando el arrepentimiento era evidente. Al igual que Jesús, Pablo amaba a su hermano lo suficiente como para hacer lo que era mejor para él en ese momento.

También nosotros debemos tener el valor de imponer el castigo cuando la justicia exige retribución, y la misericordia cuando el arrepentimiento sigue al pecado. El amor no siempre es dulce, pero siempre debe ser fuerte y perseverante, dispuesto a esperar la mejora y a suavizar el golpe de la justicia.

Este incidente había sido causa de gran ansiedad en la comunidad de Corinto. La ira, la justicia y la misericordia de Pablo habían conmovido los corazones y las mentes de muchos

Cristianos. Algunos cuestionaban su sinceridad y se sentían abandonados por su aparente disgusto. Pablo se apresuró a asegurarles que los amaba a todos. "En efecto, les escribí profundamente preocupado y afligido, y hasta con lágrimas; no quería causarles tristeza, sino que se dieran cuenta del amor inmenso que les tengo" (2 Corintios 2:4).

Podemos estar seguros de que a los corintios les costó darse cuenta de que el amor de Pablo por ellos era la causa de su ira. En el dolor de cada reprimenda hay amor, aunque nuestro dolor bloquee cualquier ternura expresada.

Si pudiéramos ver el amor detrás de la reprimenda de un amigo, entonces nuestra humillación sería menor y nuestra humildad mayor. Veríamos que el amor se expresa en una preocupación vehemente!

Humilde y fiel

Amor Un amor fiel es un amor fiable, un amor con el que se puede contar. Hay muchas almas a las que les resulta difícil expresar su amor, pero cuando un amigo está necesitado siempre son los primeros en ayudar. Su amor, aparentemente sin emociones, es sin embargo fiel.

Se requiere una profunda visión espiritual para ver en los demás el tipo particular de amor que son capaces de expresar, y se necesita un corazón humilde para estar satisfecho con ese tipo de amor.

Ser fiel no es sólo amar mucho y siempre; es también recibir con gratitud el amor de los demás. La mayoría de las personas se alegran de dar, pero les resulta difícil recibir. Son torpes en su gratitud cuando son los beneficiarios de cualquier caridad o bondad.

Tal vez seamos demasiado orgullosos para recibir porque somos muy condescendientes cuando damos. Un amor humilde se contenta con dar incluso cuando ese dar no es apreciado y con recibir cuando la necesidad hace que uno extienda la mano para pedir ayuda.

El amor trae consigo paz y alegría, y sólo el hombre de corazón humilde puede esperar encontrar algún tipo de paz y amor duraderos. Cuando Jesús nos pidió que fuéramos "mansos y humildes de corazón" y nos prometió que "encontraríamos descanso para nuestras almas", nos estaba diciendo que un amor humilde se contenta con dar.

Un amor humilde "es paciente y muestra comprensión" porque es más consciente de la viga en su propio ojo que de la paja en el ojo de su hermano (1 Corintios 13:4-7).

Un amor humilde "nunca es jactancioso ni engreído". Piensa más en los logros de los demás que en los propios y es siempre consciente de sus limitaciones.

Un amor humilde "nunca es grosero ni egoísta" y, sin embargo, rara vez pensamos en alguien que sea cortés y generoso con nosotros, diciendo: "Te amo".

Un amor humilde "nunca se ofende" porque no juzga el motivo de las acciones de los demás.

Un amor humilde "nunca es resentido" porque se alimenta de las oportunidades de perdonar.

Un amor humilde "se duele de los pecados" del mundo y tiene siempre presente las debilidades de la naturaleza humana.

Un amor humilde está siempre dispuesto a disculpar las faltas de los demás porque es consciente de sus propias debilidades.

Un amor humilde "confía" aunque se sienta decepcionado y ofendido por el engaño.

Un amor humilde nunca pierde la "esperanza" porque su fuente es un Padre providente que cuida de los Suyos.

Un amor humilde "soportará" cualquier prueba, angustia, dolor o tragedia porque ve la mano de Dios en cada acontecimiento.

Quien ama de alguna de las formas mencionadas, ama profundamente. Las palabras pueden fallarle en ocasiones especiales, pero en el fondo del corazón de ese individuo hay un amor fiel y humilde que es constante, perseverante y fuerte.

Sólo un amor humilde y fiel puede continuar cuando un ser querido se desvía del camino de Dios. Se necesita mucho valor y resistencia para seguir amando a quien rechaza todo esfuerzo por cambiar y se adhiere obstinadamente a una vida de pecado. Pero un amor humilde seguirá rezando y amando incluso cuando la comunicación y el diálogo sean imposibles.

Un amor humilde y fiel se contenta con amar de lejos, esperar con paciencia y perdonar a la menor señal de arrepentimiento.

Dios mismo ama a través de un corazón humilde, porque ese corazón "se deleita en la verdad" y la verdad escudriña el corazón de los demás y saca a relucir todo lo bueno.

No Hay Amor Más Grande

"¡Así amó Dios al mundo! Le dio al Hijo Único" (Juan 3:16). El Padre manifestó su gran amor por nosotros mediante el sacrificio. Jesús demostró su amor por el Padre también mediante el sacrificio. El efecto del amor de Dios por la humanidad fue el sacrificio y el sufrimiento. Le costó mostrarnos Su amor, y le costó a Jesús mostrar al Padre Su amor por Él y por la humanidad.

"El Padre me ama porque yo doy mi vida para retomarla de nuevo". A Jesús le ordenó el Padre que muriera por todos los hombres, y el amor de Jesús consintió ese plan. "Yo mismo la entrego", dijo a los fariseos, "en mis manos está el entregarla y el recobrarla: éste es el mandato que recibí de mi Padre" (Juan 10:17-18).

El efecto del amor del Padre y del Hijo entre sí y con la humanidad fue el sacrificio. El verdadero amor se demuestra, se prueba y se fortalece con la disposición y la capacidad de sacrificio.

Dios espera de nosotros, de hecho nos ordena, que amemos a nuestro prójimo de la misma manera que Él nos ama. Así como su amor por nosotros se manifestó con el sacrificio, nuestro amor por Él y por nuestro prójimo debe manifestarse con el sacrificio. "Si el grano de trigo no cae en tierra y muere, queda solo; pero si muere, da mucho fruto. El que ama su vida la destruye; y el que desprecia su vida en este mundo, la conserva para la vida eterna" (Juan 12:24-25).

La capacidad de sacrificio es la pequeña semilla plantada en nuestros corazones por un Dios amoroso. Somos capaces de discernir constantemente entre las cosas que duran y las que pasan. Somos lo suficientemente desprendidos como para hacer con o hacer sin y encontrar la paz con cualquiera de ellas.

El amor superficial, el que se basa en las emociones y las apariencias, no puede sobrevivir mucho tiempo porque carece del terreno adecuado para crecer. Es como una planta con raíces poco profundas, que se desvanece con el menor viento de la adversidad.

El Enemigo alienta cualquier amor cuyas raíces sean el placer, la ganancia egoísta y el interés propio. Sabe que este tipo de amor se convertirá un día en odio, y el padre del odio sólo puede dar lo que posee.

El amor de Dios, por el contrario, está arraigado en el sacrificio, y desea que nuestro amor sea tan fuerte e inquebrantable como el suyo. No sólo debemos poseer ese amor, sino que debemos permanecer siempre en ese amor. También en este caso, es el espíritu de sacrificio el que nos permite hacerlo.

"Si cumplen mis Mandamientos", dijo Jesús a sus seguidores, "permanecerán en mi amor". ¿Hay alguien que pueda negar el hecho de que guardar esos Mandamientos requiere autocontrol, autodisciplina y espíritu de sacrificio?

Jesús nos aseguró que nos llamaría "amigos" con una condición. "Son ustedes mis amigos" dijo, "si cumplen lo que les mando" (Juan 15:14). ¿Entonces, qué nos manda hacer Jesús?

Leemos en el Evangelio de San Juan: "Les doy un mandamiento nuevo: que se amen los unos a otros como yo los he amado" (Juan 13:34). El amor de Jesús por nosotros fue un gran sacrificio desde el momento de Su Encarnación hasta Su muerte, y aunque Su Bondad tiende nuestro camino con muchas alegrías, nuestro amor por Él se demuestra con nuestra fidelidad en los momentos de tensión y dolor.

- El amor no se demuestra sintiéndose bien, sino siendo bueno.
- El amor no se hace más fuerte en la consolación, sino en la desolación.
- El amor no lo ve todo con gafas de color de rosa, sino que hace dulces todas las cosas amargas.
- El amor busca siempre ser generoso, pero sólo se satisface cuando es noble.
- El amor siente las punzadas del rechazo, pero nunca permite que el dolor apague su propio fuego.
- El amor nunca está satisfecho con su propia forma de expresarse, sino que se alegra ante la menor señal de amor de los demás.
- El amor nunca se preocupa de cómo los demás devuelven el amor. El amor sólo quiere amar.

Sin fin

En todos los libros hay un capítulo final para resumir las conclusiones del autor, resolver un problema o demostrar un punto, pero cuando se habla del amor y de las formas en que cada ser humano expresa ese don de Dios, realmente no hay forma de terminar el libro.

Todo hombre debe tomar al Padre como ejemplo de "cómo" amar. Debe tomar a Jesús como ejemplo de "expresar" el amor, y luego abrir su alma al Espíritu Santo que es Amor, para "dar" amor al prójimo.

Cuando demos al Espíritu Santo rienda suelta al amor en nosotros, seremos extremadamente sensibles a la forma en que los demás nos expresan su amor. Es entonces cuando amaremos como Él ama, libremente; perdonaremos como Él perdona, sin límites; y estaremos dispuestos a renunciar a todo por Él.

Jesús Mi Salvador

"Pasa lo mismo donde el Padre de ustedes, el Padre del Cielo: allá no quieren que se pierda ni tan sólo uno de estos pequeñitos" (Mateo 18:14).

La Voluntad de Dios es que todos nos salvemos, que imitemos a Jesús en nuestra vida diaria, que cumplamos su santa y perfecta Voluntad, que veamos Su Providencia en el momento actual, y que amemos a nuestro prójimo como Él lo ama. Cuando preferimos nuestra voluntad a la Suya, pecamos o debilitamos nuestra voluntad.

Por Su vida, muerte y resurrección, Jesús mereció la morada del Espíritu [en nosotros] y por la gracia de su Espíritu, somos capaces de elevarnos por encima de nuestra propia voluntad y deseos y vivir en Su Voluntad, Su paz y Su amor.

Tenemos entonces dos aspectos de la Salvación: El de Dios y el nuestro.

La Voluntad de Dios

- El Padre quiere que nos salvemos.
- Jesús mereció la salvación al derramar su preciosa sangre.
- El Espíritu llena nuestras almas de dones y frutos de gracia para santificarnos.

Nuestra cooperación

- Debemos querer salvarnos y utilizar este deseo haciendo la Voluntad del Padre.
- Debemos utilizar los frutos de la Redención mediante el dolor por el pecado, la recepción de la Eucaristía, el Bautismo, la Confesión, la Confirmación y los demás sacramentos según lo requiera nuestro estado de vida.
- Debemos ser fieles a la Iglesia; crecer en la Fe, la Esperanza y el Amor; cambiar nuestras vidas; y dar a conocer a Jesús como Señor viviendo santamente.

La Trinidad desea que cada uno de nosotros se salve, pero a menos que aceptemos esa salvación mediante un humilde arrepentimiento y una amorosa adhesión a Su Voluntad, no podremos obtener la salvación.

El pecado imperdonable del que habló Jesús es la negativa a admitir la propia culpa ante Dios. Dios no puede perdonar a un pecador que no reconoce su pecado. Existen dos voluntades opuestas: Dios exige el arrepentimiento para poder perdonar, mientras que el pecador se niega a admitir nada para ser perdonado. Se crea un impasse espiritual que puede terminar en el rechazo eterno del alma a Dios.

Hay muchos que creen que la aceptación de Jesús como Salvador es suficiente para salvarse, pero Jesús nos asegura que no es así. "No bastará con decirme: ¡Señor!, ¡Señor!, para entrar en el Reino de los Cielos; más bien entrará el que hace la voluntad de mi Padre del Cielo" (Mateo 7:21). Aquí encontramos una condición vinculada a la salvación, y esa condición es que hagamos la voluntad del Padre.

Debemos encontrarnos seguros en esa Voluntad cuando somos llamados, pues Jesús nos recuerda que "el que se mantenga firme hasta el final se salvará" (Mateo 10:22). No debemos ser presuntuosos con respecto a la salvación. No podemos dejar el cambio de vida para mañana o para la vejez, porque puede que no haya un mañana. Jesús murió por nuestros pecados, pero esa muerte no nos dio licencia para cometer pecados. Su muerte mereció la morada de Su propio Espíritu en nuestras almas. Esta morada nos convierte en Templos de Dios. Llevamos su Divina Presencia dentro de nosotros dondequiera que vayamos. San Pablo dijo a los corintios: "Examínense y vean si permanecen en la fe. Pruébense a sí mismos. ¿Están seguros de que Cristo Jesús está en ustedes? ¿Y qué, si la prueba les sale contraria?" (2 Corintios 13:5).

El pecado contamina el Templo de nuestras almas; lo convierte en una "cueva de ladrones". Continuar una vida de pecado mientras uno confiesa que Jesús es el Señor es hipocresía, pues Jesús no es el Señor del Templo de cuyo portal sale el mal; esto es blasfemia.

La gracia de Dios es mejor en la debilidad, así que nunca debemos temer nuestra debilidad. De hecho, estas debilidades determinarán de qué manera glorificaremos a Dios por toda la eternidad. A medida que superamos esas cualidades y rasgos en nuestras almas que no son como las de Cristo, adquirimos más de la semejanza de Jesús. Este es el proceso de la santidad: el crecimiento constante a través del arrepentimiento rápido y humilde. El verdadero Cristiano tiene la certeza moral de que la misericordia de Dios siempre se extenderá a él. Se da cuenta de que Dios es su Padre y que ese Padre amoroso hará todo lo posible para asegurar un lugar para su hijo en su Reino. El aspecto incierto de la salvación no está en la parte de Dios, sino en la parte de la criatura.

Hemos de tener una esperanza indefectible en la misericordia de Dios con respecto a nosotros y una actitud humilde de corazón que sea prudente con respecto a nosotros mismos. El autoconocimiento nos hace ver que es necesario estar vigilantes, y San Pedro nos advierte: "Sean sobrios y estén vigilantes, porque su enemigo, el diablo, ronda como león rugiente buscando a quién devorar" (1 Pedro 5:8).

Pedro sabía por experiencia que incluso después de confesar con sus labios que Jesús era el Hijo de Dios, incluso después de estar con Jesús, incluso después de haber recibido las Llaves del Reino, era posible caer profundamente. De no ser por su corazón amoroso y arrepentido, Pedro podría haber acabado como Judas. A lo largo de las Escrituras vemos una santa y prudente cautela, unida a la confianza en Dios como Padre misericordioso. Dios y el alma cooperan y se unen en corazón y mente.

Creer que uno puede seguir viviendo una vida pecaminosa y aún así ser salvado por una apariencia de palabrería es un engaño. Jesús nos advirtió cuando dijo: "Aparecerán falsos profetas, que engañarán a mucha gente... pero el que se mantenga firme hasta el fin se salvará" (Mateo 24:11:13). Aquí encontramos la necesidad de no sucumbir a los falsos profetas de nuestros días y la promesa de salvación al final de la vida.

La palabra "salvación" significa "ser salvado de, ser liberado de". Esto es lo que Jesús mereció para nosotros por su muerte y resurrección. El poder de Su Espíritu nos dotó de gracia para resistir los embates del enemigo, elevarnos por encima de nuestros deseos mundanos y superar nuestras debilidades. Jesús nos reconcilió con el Padre. Somos un pueblo perdonado, un pueblo que pertenece a su Dios en una relación de padre e hijo. Su casa es nuestra casa, su amor es nuestro amor, su misericordia es nuestra misericordia. Todo lo que Él es por naturaleza, nos lo da por gracia. Esto nos eleva muy por encima de todo lo que teníamos antes de la redención, pues ahora somos herederos del Reino, hijos de Dios, hijos del Padre.

Todo esto es la salvación aquí y ahora. Culmina con nuestra entrada en el Reino para ser felices para siempre con la Trinidad. La salvación es una experiencia de crecimiento, un cambio constante de actitudes, ideas, metas y deseos, una conciencia de las realidades invisibles, una vida de Fe en Sus Promesas, de Esperanza en Su gracia y de Amor al prójimo.

La salvación no es un billete para el Cielo que se utiliza al morir. Un alma no puede seguir su camino, viviendo una vida alejada de Dios, alienada de Su Espíritu, y luego ser repentinamente arrebatada a los brazos de Dios por una creencia que no dio frutos. Las conversiones en el lecho de muerte son posibles, pero es presuntuoso posponer la vida cristiana hasta entonces.

Cada momento de la vida es importante, y vemos a Pablo utilizando cada ocasión para aumentar la gracia y asegurar su salvación. En una ocasión se le habló de algunos que predicaban la Buena Nueva con motivos egoístas. Pablo respondió a esta queja con humilde paciencia. Su respuesta fue que se alegraba de escuchar la proclamación de Cristo sin importar el motivo "pues sé que todo esto se convertirá en bien para mí gracias a sus oraciones y a la asistencia que me presta el Espíritu" (Filipenses 1:18-19). Para Pablo, la salvación era un cambio de vida, y ese cambio continuaba y crecía en cada minuto de su vida.

La necesidad de perseverar en nuestra búsqueda de la salvación fue expuesta muy claramente por Jesús. Explicó la condición de un hombre que fue liberado de un espíritu inmundo. Su alma estaba en estado de gracia. Sin embargo, el espíritu maligno, que una vez había habitado en esa alma, buscó otros espíritus más malignos que él y volvió a tomar su morada. La presunción, la complacencia y la negligencia habían abierto la puerta "de tal modo que la nueva condición de la persona es peor que la primera" (Lucas 11:24, 26). Del mismo modo, en la parábola de la semilla, Jesús pone de manifiesto cómo algunos oyen la palabra y la aceptan con alegría: la salvación ha entrado en sus corazones. Pero las pruebas, la persecución, el dinero, las riquezas y las preocupaciones ahogan esa palabra y caen (Mateo 13:22).

Una y otra vez, Jesús repite la advertencia de perseverar hasta el final, hasta ese momento en que Él llama y en el que veremos el fruto que hemos dado. "Vosotros y yo", dijo Pablo a los hebreos, "no somos de los que retroceden y se pierden, sino de los que se mantienen fieles hasta que se salvan nuestras almas" (Hebreos 10:39).

San Juan dijo un día a sus seguidores: "no amemos con puras palabras y de labios para afuera, sino de verdad y con hechos. En esto conoceremos que somos de la verdad... porque guardamos sus mandatos y hacemos lo que le agrada" (1 Juan 3:18, 22).

Los que han aceptado la salvación que Jesús mereció para ellos deben poseer la libertad, no de la tentación, sino de la tiranía del mundo, la carne y el diablo. Es la gracia la que nos da el valor y la fuerza para luchar constantemente contra estos tres enemigos del alma. A medida que crecemos en esta libertad, tomamos más y más de Jesús. Somos luz en las tinieblas para que los demás vean; somos ciudades en la cima de la montaña, invitando al pueblo de Dios a elevarse a mayores alturas.

La fe nos permite ver a Dios en todo y en todos. La esperanza nos permite ver que Dios saca el bien de todo, y el amor nos permite responder a la virtud del momento con alegría. Esta es la salvación en acción, trabajando y creciendo hasta disfrutar de la perfecta libertad de los hijos de Dios en su Reino. Está siempre activa y busca formas de fortalecerse, porque la salvación es una forma de vida.

La salvación aporta al alma una profunda conciencia del amor de Dios. La vida adquiere más sentido, pues ahora tiene un propósito. Las pruebas y las cruces ya no son misterios, sino caricias del Señor Crucificado. La ambición mundana se transforma en sed y hambre de santidad. Las riquezas no se desean ni se aborrecen porque ni la pobreza amarga, ni las riquezas distraen al alma de su único amor.

Al igual que Pablo, el alma es siempre consciente de que no es más que "una vasija de barro", pero la Sangre de Jesús le ha dado un "poder que sólo viene de Dios" (2 Corintios 4:7). Cuando un hombre del mundo mira a los que han experimentado la libertad de la salvación, ve a los Cristianos que a menudo tienen "pruebas de toda clase, pero no nos desanimamos; estamos entre problemas, pero no desesperados; somos perseguidos, pero no eliminados; derribados, pero no fuera de combate". Sí, "por todas partes llevamos en nuestra persona la muerte de Jesús, para que también la vida de Jesús se manifieste en nuestra persona." (2 Corintios 4:8-10).

No cabe duda de que Pablo se tomaba la salvación en serio y como un encuentro cotidiano. "Pues a los que estamos vivos nos corresponde ser entregados a la muerte a cada momento por causa de Jesús, para que la vida de Jesús se manifieste en nuestra existencia mortal" (2 Corintios 4:11).

Los Cristianos de nuestro tiempo deben demostrar al mundo que pertenecen a Dios; Dios es su Padre. Lo demuestran con "la fortaleza en los momentos de sufrimiento, en las dificultades y en las angustias; con la pureza, la ciencia, la paciencia, la bondad y el espíritu de santidad". Son verdaderamente libres porque están preparados "para el honor o la desgracia, la culpa o la alabanza", el éxito o el fracaso, la riqueza o la pobreza, la salud o la enfermedad.

San Pedro nos dice que nuestra esperanza en Sus promesas es segura y que no debemos sorprendernos si nuestra fe es probada como en el fuego (1 Pedro 1:3-9). "Están seguros", dice, "del fin que espera su fe, es decir, la salvación de sus almas". Y, sin embargo, en Pedro como en Pablo encontramos una santa advertencia. "Y si éstos", dice, "que se habían liberado de los vicios del mundo por el conocimiento del Señor y Salvador

Jesucristo, vuelven a esos vicios y se dejan dominar por ellos, su situación actual resulta peor que la primera" (2 Pedro 2:20). Nos damos cuenta de que la Salvación, que es una participación activa en la gracia del Espíritu en nuestra vida diaria, es un regalo de Dios. Él nos da una participación en su naturaleza divina como un don gratuito, y sin embargo, espera que utilicemos otro don, la voluntad, y que elijamos deliberadamente seguirlo, amarlo y preferirlo a nosotros mismos. Él desea perdonarnos, pero debe escuchar nuestro arrepentimiento y ver nuestros esfuerzos por cambiar. San Juan pone ciertas condiciones que son necesarias por nuestra parte (1 Juan).

- Primero: Romper con el pecado (Cap. 1 y 3).
- Segundo: Guardar los mandamientos, especialmente el del amor (Cap. 2 y 3).
- Tercero: Desapego del mundo (cap. 2).
- Cuarto: Estar en guardia contra los falsos profetas (Cap. 2 y 3).

Esto puede dar la impresión de que el alma lo hace todo, pero San Juan resuelve nuestro dilema diciéndonos que si reconocemos nuestros pecados, Dios nos perdonará porque Jesús es el sacrificio que quita nuestros pecados. Nos dice que "podemos estar seguros de que estamos en Dios sólo cuando vivimos el mismo tipo de vida que vivió Cristo". Nos asegura que "nada de lo que ofrece el mundo, el cuerpo sensual, el ojo lujurioso o el orgullo de las posesiones, puede venir de Dios, sino sólo del mundo".

Para Juan, el discernimiento de los falsos profetas era una cuestión fácil. Prometió que el Espíritu de Jesús en nosotros nos haría reconocer a los falsos profetas, pues "el mundo los escucha. Nosotros, en cambio, somos de Dios; el que conoce a Dios nos escucha, pero el que no conoce a Dios no nos hace caso" (1 Juan 4:6).

¿Significa esto que sólo los Cristianos se salvarán, entrarán en Su Reino? No, la Santa Madre Iglesia siempre ha enseñado que a todos los hombres se les da la luz suficiente para entrar en el Reino, pero entran allí a través de la Sangre de Jesús; pertenecen al alma de la Iglesia, y al morir Dios los juzgará según la luz que poseían. No todos seremos juzgados por el mismo rasero, pues Jesús nos asegura: "Este servidor conocía la voluntad de su patrón; si no ha cumplido las órdenes de su patrón y no ha preparado nada, recibirá un severo castigo. Y si otro servidor hizo sin saber algo que merece azotes, recibirá menos golpes. Al que se le ha dado mucho, se le exigirá mucho; y cuanto más se le haya confiado, tanto más se le pedirá cuentas" (Lucas 12:47-48). Aquí hay cuatro grados definidos de luz dados por Dios a sus hijos, y a cada uno se le exige que produzca en consecuencia. La persona que conoció a Dios y no hizo nada al respecto, la que no conoció a Dios, la que recibió mucha luz, y el sacerdote o ministro al que se le dio más de lo que necesitaba para sí mismo a fin de compartirlo con otros. Cada uno será juzgado según la luz recibida y cómo la haya utilizado.

Jesús no sólo nos dijo que todos seríamos juzgados de manera diferente; también nos dio algunas condiciones definidas para entrar en el Reino. Cada una de las siguientes condiciones fue proclamada de manera solemne para que fuéramos conscientes de la importancia de lo que Él dijo.

Proclamaciones solemnes

> En verdad te digo que nadie puede ver el Reino de Dios si no nace de nuevo desde arriba (Juan 3:5)

> En verdad les digo que si no comen la carne del Hijo del Hombre y no beben su sangre, no tienen vida en ustedes (Juan 6:53)

> En verdad les digo: si no cambian y no llegan a ser como niños, nunca entrarán en el Reino de los Cielos (Mateo 18:3)

Estas proclamaciones solemnes nos muestran la necesidad de un crecimiento constante en la vida espiritual. Dios mismo efectúa este crecimiento con su Gracia y Presencia a través de los Sacramentos, los Mandamientos, la Escritura y las buenas obras. Este cambio que nuestro prójimo percibe en nuestra vida diaria, manifiesta nuestra Fe, Esperanza y Amor. No necesitamos hablar de la salvación porque es evidente para todos que hemos sido salvados de la tiranía del Enemigo y, como tal, gozamos de la libertad de los Hijos de Dios, pues nuestras vidas retratan el Amor y las virtudes de Jesús.

"Mi Padre es glorificado cuando ustedes producen abundantes frutos: entonces pasan a ser discípulos míos" (Juan 15:8). Esto es la salvación en acción; esto separa a los hijos de la Luz de los hijos de las tinieblas; esto es cosechar el fruto de la Redención.

La Buena Vida

El Don de la Vida: Él Me Eligió Para Ser

"Antes de formarte en el seno de tu madre, ya te conocía" (Jeremías 1:5). Nuestra mente no puede comprender lo especial que es cada alma para Dios. No entendemos la dignidad que nos corresponde cuando Su Bondad nos eligió a cada uno para vivir, pensar, conocer, ver, amar.

No hemos nacido por casualidad, sino que hemos sido elegidos por Dios para existir. Antes de que comenzara el tiempo, Dios nos eligió a cada uno de nosotros, y esta elección fue deliberada. Dios vio todos los posibles seres humanos que podría haber creado a lo largo de la historia del mundo. De los posibles miles de millones de seres humanos que podrían haber existido en la mente de Dios, su ojo se posó en cada uno de nosotros y luego dejó de mirar y dijo: "Serás". Vio a todos los que podrían haber sido y decidió que no serían. Su Providencia nos colocó en un tiempo y un estado de vida que sacaría a relucir nuestro mayor potencial.

A cada uno de nosotros nos dio talentos especiales, dones y virtudes naturales, todos orientados a un conocimiento más profundo de Él. Incluso aquellos cuyas circunstancias les impiden conocerle directamente poseen una profunda convicción de su existencia y providencia.

Puso en cada uno de nosotros un sistema de radar interno que nos advierte del peligro y nos asegura intuitivamente su cuidado, de modo que nunca estaremos lejos de Él y no nos despojaremos del conocimiento de su existencia.

La Mano que nos formó a cada uno de nosotros dejó Su huella en nuestras mentes y almas, pues nos hizo a Su propia imagen. El alma que Él infló en esta obra de Sus Manos, nuestro cuerpo, quedó impresa con algo de Su amor, Su poder creador, Su fuerza.

Reflejamos su eternidad, pues una vez que Su Voluntad nos llamó de la nada, nos convertimos en inmortales: nuestra alma nunca morirá.

"Yahvé me llamó antes de nacer, desde el vientre de mi madre pronunció mi nombre" (Isaías 49:1).

Leemos en el Evangelio de San Juan que cuando Jesús se le apareció a María Magdalena, ella pensó que era el jardinero. Su mente no estaba preparada para la Resurrección, y entonces escuchó su nombre: "¡María!". ¿Fue el tono de voz lo que le hizo reconocer a Jesús, o fue porque el Dios-Hombre lo pronunció? ¿Tenía acaso la resonancia de un eco al llegar a sus oídos? Ese nombre fue pronunciado por Dios antes de que ella naciera, antes de que comenzara el tiempo. Al oírlo, una criatura despertó, primero de la nada, luego del pecado y ahora del dolor. La primera vez que fue pronunciado, su nacimiento fue decretado; la segunda vez, llegó a ser; la tercera vez, la llamó a renacer; y ahora, después de la Resurrección, la llamó a reconocer a su Dios en Espíritu, en sí misma, en su prójimo y en la fe. Cuando el hombre pronuncia un nombre, es sobre todo una llamada a servir, pero cuando Dios lo pronuncia, otorga vida, poder, gracia y alegría. Cuando Jesús dijo: "Lázaro, sal", un muerto se levantó; cuando cambió el nombre de Simón por el de Pedro, dio una misión específica y poder a un hombre. Cuando tronó: "Saulo, Saulo, ¿por qué me persigues?", un hombre quedó ciego, se transformó y recibió el nombre de Pablo. Qué maravillosos y qué afortunados somos cuando Dios nos llama constantemente por nuestro nombre y nos concede la gracia de cambiar y responder a su amor.

"Me has sacado del vientre de mi madre, me has confiado a sus pechos maternales. Me entregaron a ti apenas nacido; tú eres mi Dios desde el seno materno" (Salmos 22:9-10).

El salmista se da cuenta de que fue el Señor Dios quien lo sostuvo en su regazo mientras su madre natural lo alimentaba y cuidaba. Vio a Dios sosteniendo su cuerpo, dándole fuerza y todas las funciones corporales necesarias para crecer. Nunca debemos perder de vista esta realidad. Dios nunca ha dejado de cuidarnos, proveernos y amarnos. Incluso en aquellos momentos en los que otros parecían encargarse de nuestro crecimiento y cuidado, lo hacía en el regazo de Dios, el cuidado amoroso de un Padre compasivo, que nunca dejó de cuidarnos. Lo hacía en tal silencio que no éramos conscientes de su preocupación. Como si su poder pudiera asustarnos o su fuerza aplastarnos, manejaba nuestra formación y crecimiento con tanta ternura y silencio. Es lamentable que hayamos confundido el silencio con la ausencia y la ternura con la negligencia.

"Me conoces de cabo a rabo, por haber visto cómo se formaban mis huesos cuando me formaba en secreto, tejido en el limbo del vientre" (Sal 139:15).

Sólo Dios nos conoce tal como somos. Cuando el salmista dijo que Dios nos conoce a fondo, se refería a cada aspecto de nuestra creación, vida, talentos, temperamento y características. Él conocía las cruces que vendrían en nuestro camino y cómo cada una ayudaría a cambiar, moldear y formar nuestra alma a Su Imagen. Como todos los padres, esperaba el día en que se vería claramente reflejado en nosotros. Anticipó que le elegiríamos a Él por encima de todas las cosas y vio la maravillosa gloria que nos daría esa elección. Vio la santidad que podríamos obtener, la humildad de corazón que sería como un escudo a nuestro alrededor. Vio las lágrimas que Su amor enjugaría suavemente y las veces que se inclinaría para tomar nuestra mano cuando cayéramos en desgracia. Vio nuestras malas decisiones y se afligió por nuestro dolor y luego buscó la manera de sacar lo bueno de todo. Sí, Él nos conocía entonces, de cabo a rabo, como nos conoce ahora, y todavía nos ama.

"Mis días fueron enumerados y determinados incluso antes de que ocurriera el primero de ellos" (Salmos 139:16).

Tenemos una opinión tan baja de nosotros mismos: nuestro sentido de la justicia de Dios es tan severo, nuestra comprensión de su misericordia es escasa, nuestro deleite en su amor es efímero. Reservamos nuestra expresión de amor a Dios como un acto de gratitud después de haber recibido algún favor. ¿Con qué frecuencia pensamos en el amor de Dios por nosotros antes de que llegara un día de nuestra existencia? Con qué amor y cuidado nos hizo nacer y determinó la duración de nuestros días. No hemos nacido por casualidad. Tenemos una misión que cumplir, un lugar que ocupar en Su Reino, un deber que cumplir y una obra que realizar. Somos importantes para Dios y parte integrante de la historia de la salvación. Cada ser humano ejerce una influencia, cambia a las personas para bien o para mal, construye o destruye, utiliza o crea oportunidades. Podemos decir con certeza que cada ser humano cambia el mundo para bien o para mal y que el mundo no es el mismo porque cada uno de nosotros ha vivido en él. Por insignificante que sea nuestro papel, por baja que sea nuestra posición, por desconocida que sea nuestra contribución, cada uno de nosotros deja una huella en algún lugar, de alguna manera en este mundo. No es de extrañar que Él nos elija con gran cuidado y determine nuestro curso con un amor infinito. ¡Qué regalo es la vida!

"El Espíritu Santo descenderá sobre ti", el ángel le respondió a María, "y el poder del Altísimo te cubrirá con su sombra". "Yo soy la servidora del Señor... hágase en mí tal como has dicho" (Lucas 1:35 y 38).

Qué maravillas y misterios envuelve Dios en breves párrafos. El mundo entero esperó, estudió, discernió, ayunó y rezó por la venida del Santo. El relato de su encarnación es breve, pero está lleno de elementos de reflexión. Dios envió un ángel para pedir a María que consintiera en ser la Madre del Redentor. Él respeta el poderoso don que nos ha dado. No realizaría esta maravilla de maravillas sin su consentimiento. El ángel le dijo que no temiera, que su virginidad estaría asegurada, que era el Espíritu Santo, envolviendo este hermoso Templo del Señor, quien diría: "Hágase la Palabra". La misma Voz que se cernía sobre el vacío y decía: "Hágase la luz", haría nacer al Verbo Eterno y lo colocaría en la cuna del vientre de María. En el momento en que su voluntad coincidió con la Voluntad del Padre, el Verbo se hizo Carne y habitó entre nosotros.

Hoy en día hay muchas opiniones sobre cuándo una semilla se convierte en una persona—un ser humano—una naturaleza con poderes para decidir y realizar. ¿Cuándo se implanta un alma en el cuerpo de un ser humano en desarrollo? Algunos dicen que cuando el corazón comienza a latir, otros que cuando las ondas cerebrales comienzan a funcionar. ¿Qué dicen las Escrituras? ¿Qué pruebas visibles tenemos para resolver este misterio?

Sabemos que "Jesús era como nosotros en todo menos en el pecado". Debemos ver si el Verbo Encarnado en el seno del Templo Inmaculado de Dios—María—era fecundo, poderoso, vivo, una Persona Divina: Dios-Hombre. La Escritura nos dice que el ángel Gabriel había informado a María de que su prima Isabel había concebido un hijo en su vejez. Inmediatamente después del anuncio de su propia maternidad, "María se puso en marcha en aquel momento y se dirigió lo más rápidamente posible a una ciudad de la región montañosa de Judá". Estamos hablando aquí de un largo viaje, un viaje realizado por una mujer que acababa de decir su "Amén" a Dios. No había duda en su mente de que inmediatamente poseía y llevaba en su vientre al Hijo de Dios.

Tan evidente era la Presencia Divina dentro de ella, tan poderosa y fuerte esa pequeña semilla—que tan pronto como saludó a su prima Isabel, el niño que ésta llevaba experimentó el poder de la Palabra hecha carne. Isabel y su hijo de seis meses sintieron la presencia de Aquel que los llamó de la nada. El Dios-Hombre, que había sido colocado apenas un día antes en la oscuridad del vientre inmaculado de María, dio la luz de la santidad y la gracia santificante a su Precursor vivo pero no nacido. Madre e hijo sintieron una Presencia y sus almas se sintieron atraídas, humilladas y alegres. "Isabel se llenó del Espíritu Santo y exclamó en alta voz: "¡Bendita tú eres entre las mujeres y bendito el fruto de tu vientre!" ¿Cómo he merecido yo que venga a mí la madre de mi Señor?" (Lucas 1:42-43). Ciertamente era un misterio para Isabel. El Hijo de Dios encarnado comenzó a redimir a la humanidad y a difundir la Buena Nueva tan pronto como se hizo carne.

En el momento de la Encarnación, Isabel estaba en su sexto mes, y Lucas nos informa de que María permaneció con ella durante tres meses, hasta el nacimiento y la circuncisión de Juan el Bautista. No hay duda de que María comenzó esa visita inmediatamente después de que el Verbo se hiciera carne. Ahora no podemos dudar de cuándo el alma y el cuerpo se unen para formar un ser hecho a imagen y semejanza de Dios. Sucede en la concepción.

Si en María hubiera sólo el principio de un cuerpo sin alma humana unido a la Divinidad, no habría habido ninguna reacción por parte de Isabel y de su hijo no nacido, ninguna exclamación de sorpresa ante el honor de ser visitados y atendidos por la propia Madre de Dios. La maternidad comienza ciertamente cuando hay un ser completo dentro de una mujer, un ser con un cuerpo y un alma unidos para formar una persona humana. Isabel atestigua la realidad de esta verdad llamando a María la Madre de su Señor. Vio dos misterios en una sola mirada intuitiva: la encarnación del Mesías y la realidad de una persona plenamente humana en la concepción.

Cuando Dios dice: "Hágase la vida", ¿nos atrevemos a decir "No será"?

"¿No saben que su cuerpo es templo del Espíritu Santo que han recibido de Dios y que está en ustedes? Ya no se pertenecen a sí mismos. Ustedes han sido comprados a un precio muy alto; procuren, pues, que sus cuerpos sirvan a la gloria de Dios" (1 Corintios 6:19-20).

Tenemos la tendencia a pensar que nuestro cuerpo es nuestro y que podemos hacer lo que queramos con él. Pero no es así. Fuimos creados por Dios, como seres humanos débiles, en parte animales y en parte espirituales. Nuestra dignidad como seres humanos fue degradada por el orgullo y la rebelión de nuestros primeros padres, Adán y Eva, y luego por nuestras propias decisiones equivocadas. El amor de Dios por nosotros ideó una manera de elevarnos por encima de nuestra degradación—por encima de nuestra propia naturaleza—y nos apartó como seres a los que podía llamar legítimamente "hijos". Envió a su propio Hijo para que tomara nuestra carne, para que viviera y muriera como uno de nosotros y para que resucitara de entre los muertos y nos liberara de nuestra esclavitud al pecado. Qué precio se pagó por alguien de naturaleza tan frágil, de voluntad tan vacilante, tan propenso al mal. El Gran Rey busca un campesino para elevarlo a la dignidad de Príncipe. Cada uno de nosotros es una especie de Cenicienta a la que el Rey invita a vivir una nueva vida. La elección es nuestra, pero el premio es suyo: Él ya tiene derecho a todo lo que somos, a todo lo que poseemos. Sólo tiene el bien para darnos. ¿Por qué preferimos tan a menudo lo que nos perjudica? ¿Acaso el derecho a elegir el bien y el mal es más valioso para nosotros que la paz, la felicidad y la alegría? ¿Preferimos ser miserables y abusar de nuestra libertad de elección en lugar de ser humildes y admitir que Dios sabe lo que es mejor para nosotros? ¿Qué precio pagó Él para salvarnos y qué precio pagamos nosotros cuando hacemos nuestra propia voluntad? No, no tenemos derecho a hacer lo que queramos con nuestra vida ni con la de nadie. Nuestra vida pertenece a Dios, y ese Dios es lo suficientemente poderoso para mantenerla, lo suficientemente bueno para sostenerla y lo suficientemente providente para cuidar de todas sus necesidades.

Nuestro cuerpo, dice San Pablo, alberga el Espíritu del Señor. Es un Templo. Profanarlo con el pecado o quitarle su espíritu vivificante, es cometer una injusticia con Dios, con el hombre y con uno mismo: con Dios, porque lo creó y le pertenece; con el prójimo, porque necesita ver a Dios irradiando en nuestras vidas; y con nosotros mismos, porque fuimos creados para ser hijos de Dios y herederos de su Reino.

Olvidamos que todo lo que Dios ha creado es bueno. El libro del Génesis nos lo asegura, pues tras el relato de cada día dice que Dios "vio que era bueno". Si esto es cierto para la creación inanimada y animal, cuánto más lo es para el ser humano, hecho a imagen y semejanza de Dios. Todo lo que no es bueno en nuestras vidas es obra nuestra la mayoría de las veces, pero incluso en circunstancias como éstas, Dios saca lo bueno de ello para nosotros. El único mal en el mundo es el pecado, porque el pecado destruye y mata, pero la gracia de Dios levanta las almas muertas y las hace nuevas mediante el arrepentimiento, la confesión y la absolución. Una vez más Dios puede decir: "Es bueno, es muy bueno".

"Escúchenme... a los que crie desde su nacimiento y de los que me hice cargo desde el seno materno. Hasta su vejez yo seré el mismo, y los apoyaré hasta que sus cabellos se pongan blancos" (Isaías 46:4).

"Entonces serás como un Hijo del Altísimo, te amará más que tu propia madre" (Ecl. 4:11 [Siracides 4:10]).

"Como un hijo a quien consuela su madre" (Isaías 66:13).

"Yo, yo soy el que te consuela. ¿Por qué tienes miedo a los hombres que mueren, a un hijo de hombre que desaparecerá como el pasto?" (Isaías 51:12).

Sí, no apreciamos el don de la vida. Hemos perdido la realidad del cuidado y el amor de Dios por nosotros desde la concepción hasta la muerte. Miramos a la naturaleza como si esta obra no inteligente de la mano de Dios decidiera nuestro destino, el destino de los seres inteligentes. Miramos al mundo en busca de orientaciones para el pensamiento y la acción. Miramos a nuestro vecino y tratamos de estar a la altura de sus conceptos e ideales. Buscamos orientación y ayuda en todas partes y en cualquier lugar, pero no acudimos a la Fuente de nuestra vida, a la Causa de nuestro ser, al Dispensador de nuestra inteligencia y a la Vida de nuestro espíritu.

Algunos consideran el nacimiento como un accidente, la vida como un mal necesario y la muerte como una resignación a lo inevitable. La perspectiva puede verse tan nublada por el egoísmo, las estadísticas y el orgullo que un vientre que da vida se convierte en una tumba de muerte. Hay otros cuyos conceptos de la vida se vuelven tan estrechos, su futuro tan desesperado y su presente tan insoportable, que la única solución a su problema es la extinción de esa vida por completo. Luego hay muchos que viven en una especie de mundo inferior, la oscuridad de la inferioridad, de la inutilidad, de la desesperación, sin pensar en Dios, en el amor o en lo que está por venir. Viven dentro de un círculo de sus propios pensamientos, deseos egoístas y odio a sí mismos. Si todos los que viven en estas actitudes dolorosas y frustrantes se dieran cuenta de lo mucho que son amados por Dios, de que tienen un lugar en Sus planes, de que

Él los vigila, los cuida y desea que estén con Él en Su Reino. Seguramente la comprensión de que son creados, apoyados, amados y cuidados desde la concepción, a través de la vida y en la muerte, aseguraría la libertad de los no nacidos, daría valor a los indigentes y confianza a los desesperados.

Dios tiene toda nuestra vida en la palma de sus manos amorosas, podemos estar seguros de nuestro pasado, presente y futuro porque Él nos ama.

Generosidad Compasiva

A su servicio

Hay en el corazón de cada Cristiano la necesidad de estar al servicio de Dios y de su Reino. Vemos una multitud de necesidades en la Iglesia, en nuestra Comunidad, en nuestra Parroquia y en el mundo. La magnitud de estas necesidades, sin embargo, a menudo produce en nosotros un efecto paralizante. Como resultado, nos quedamos sin hacer nada. Los enfermos se sienten excluidos, los pobres se sienten inadecuados, los jóvenes inexpertos, los ancianos incapacitados, y los que están en medio, demasiado ocupados. Estas actitudes fomentan la inercia y el letargo espiritual. Tal vez sea porque no entendemos que no se espera que todos le sirvamos de la misma manera.

Hay muchas maneras de servir a Dios en nuestro estado de vida particular. Mencionamos algunas que son más generales y se aplican a todos los ámbitos de la vida. Entre estos servicios que podemos prestar están: el tiempo, el talento, el sufrimiento, la oración y los medios materiales. Uno de los dones más preciosos que Dios nos ha dado es el tiempo. Es un don que debe ser bien negociado. Nuestra eternidad puede depender de su buen uso. Es una herramienta en nuestras manos con la que tallamos el edificio en el que viviremos por toda la eternidad.

Gran parte del tiempo se pierde. A veces hablamos de "matar el tiempo", y una concentración consciente en su existencia crea monotonía y aburrimiento. Cuando tenemos dolor, se arrastra, y cuando la alegría es nuestra porción, vuela. Parece interminable cuando estamos esperando que ocurra algo importante y muy corto cuando la repentina alegría de un sol naciente comienza nuestro día.

A algunos nos aterra la idea de que se acabe y, aunque no siempre sabemos qué hacer con ella, deseamos que no se acabe nunca. Preferimos utilizarla, en su totalidad, para nuestros propios intereses. No nos gusta pensar que es una realidad invisible en manos de otro. Es un don, y debemos compartirlo con nuestro hermano mediante la realización de buenas obras. También es necesario dar algo de ese tiempo a Dios en la oración y en la evangelización. Mientras alimentamos a los pobres y vestimos a los desnudos, no debemos olvidar que estas obras exteriores de misericordia deben surgir de un corazón compasivo y de un espíritu semejante al de Cristo en nuestro interior. Si nuestras buenas obras no son fruto de una profunda unión con Dios, entonces no es más que una competición entre "los que tienen" y "los que no tienen".

Emplear algo de nuestro tiempo, aunque sea poco, en la "evangelización orante" es necesario para conservar nuestro celo y entusiasmo. También está al alcance de todos. Una de las peticiones del Padre Nuestro es que venga el Reino del Padre. Esta petición particular adquiere un significado especial en el mundo actual. El Reino de Dios en la tierra es un pueblo santo que vive el Evangelio, compartiendo los bienes, los problemas, las alegrías y las penas de los demás. Es una manifestación de la Presencia de Dios en medio de nosotros. Por desgracia, el espíritu de este mundo pone muchas cortinas de humo ante este ideal, y nos resulta casi imposible retener el plan del Padre como meta en la vida. Los consejos y preceptos del Evangelio se convierten en meras ideologías filosóficas y no en formas de vida posibles y realistas. Para mantener el entusiasmo y la perseverancia en el esfuerzo, necesitamos la Iglesia, los Sacramentos y una vida de oración habitual. No podemos dar lo que no poseemos. No podemos enseñar lo que no entendemos. No podemos dar testimonio del poder de la oración si no rezamos nunca. No podemos santificar nuestra jornada si el pensamiento de su presencia no la inicia.

Sí, es necesario que cada uno de nosotros se preocupe lo suficiente por el mundo en el que vivimos como para dedicar un tiempo diario a la oración por su salvación. El fruto de esta oración es la acción. Sé santo, y los que te rodean se volverán santos; dales Su Palabra, y su conocimiento aumentará; dales Su amor, y su gracia abundará.

La oración y la acción nos permiten utilizar nuestros talentos a su servicio. Al igual que damos nuestro don de tiempo, debemos dar nuestros talentos especiales. No hablamos de grandes talentos ni de talentos extraordinarios, sino de talentos comunes, cotidianos y muchas veces desapercibidos. Es un talento poder consolar a un amigo enfermo; un talento para explicar una verdad; un talento para cuidar a los ancianos; un talento para hornear un pastel y dárselo a un amigo afligido; un talento para levantar una pesada carga con una sonrisa o una palmadita en el hombro; un talento para reír y hacer reír a los demás; un talento para llevar paz y esperanza a los desesperados.

Estos talentos, puestos al servicio de Dios, hacen que el cristianismo sea creíble para el no creyente. Los talentos que se ejercitan a imitación de Jesús, para promover la gloria del Padre, contribuyen en gran medida a la difusión de la Buena Nueva.

La capacidad de sufrir con paciencia, en unión con los sufrimientos de Jesús, es también un talento, un don especial que puede dar valor, fuerza y fe a los demás.

La resistencia a la soledad en unión con la soledad de Jesús durante su exilio terrenal puede obtener la gracia del arrepentimiento para muchas almas que se han alejado de la casa de su Padre. Apenas hay una persona en todo el mundo que no tenga algo que dar a Dios de alguna manera. Somos muy constantes en nuestras peticiones de favores a Dios, pero rara vez buscamos formas y medios de servirle y darle: darnos a nosotros mismos, nuestro tiempo, nuestros talentos, nuestro sufrimiento y, por último, una parte de los beneficios materiales que Él nos ha concedido.

De todos los regalos que podemos dar a Dios, quizás el más mal utilizado es el regalo monetario. Muchas veces damos dinero porque es lo más fácil de dar y se acaban nuestras obligaciones. Para algunos es un artículo deducible de impuestos o un bálsamo para la conciencia culpable. Estamos confundidos en cuanto a cuánto dar, cuándo dar, a quién dar y por qué debemos dar. Nos cuesta ganar dinero y nos cuesta desprendernos de él. Como resultado, nos quejamos cuando damos y nos preguntamos si la persona a la que hemos dado no termina mejor que nosotros. Pensamos que el diezmo es anticuado y que las citas de las Escrituras sobre dar con alegría son parte de un complot para poner la culpa sobre nuestros hombros. Algunos nos hacen sentir que debemos dar hasta que nos duela, y otros nos animan a plantar una semilla que se duplicará.

Hemos perdido de vista la única razón para dar algo: el amor. Si el amor, la gratitud y el deseo sincero de compartir no están en la raíz de nuestro dar, podemos estar seguros de que no tiene ningún valor. "Aunque repartiera todo lo que poseo e incluso sacrificara mi cuerpo, pero gloriarme, si no tengo amor, de nada me sirve" (1 Corintios 13:3). "No se trata de que otros tengan abundancia y que a ustedes les falte, sino de que haya igualdad. Ustedes darán de su abundancia lo que a ellos les falta, y ellos, a su vez, darán de lo que tienen para que a ustedes no les falte" (2 Corintios 8:13-14).

Un regalo monetario es un servicio de amor, no una contribución. El amor debe ser nuestro motivo y la dependencia de la Divina Providencia parte de nuestro regalo. Esto disipa cualquier arrogancia por parte de los que pueden dar o resentimiento por parte de los que deben recibir. Ambos están donde deben glorificar a Dios: uno dando, otro recibiendo.

Pablo nos asegura que "este servicio de carácter sagrado no sólo proporcionará a los hermanos lo que necesitan, sino que de él resultarán incontables acciones de gracias a Dios" (2 Corintios 9:12). Dar es hacer y servir. Es manifestar nuestra sinceridad y hacer que los demás den gloria a Dios por su cuidado providencial. Es escuchar sus inspiraciones y responder con amor. Es confiar en Él mientras Su Sabiduría guía nuestras vidas para que unas veces demos y otras recibamos.

Las generalidades pueden impresionarnos e incluso inspirarnos, pero hasta que no actuamos sobre ellas es un conocimiento inútil. Las siguientes ayudas se dan como soporte para animarte a dar a tu prójimo muchas oportunidades de agradecer a Dios mientras Él te usa para hacer de Su Divina Providencia una realidad visible.

Sugerencias para el servicio del tiempo

- Escucha a tu vecino que te cuenta sus problemas.
- Escucha a un amigo enfermo explicar su enfermedad.
- Espera pacientemente a los médicos, dentistas, semáforos en rojo, etc.

- Dedica algo de tiempo a la construcción de la moral de tu parroquia y a la esperanza de tu párroco.
- Toma el tiempo para felicitar a tu pastor por un buen sermón o un trabajo bien hecho.
- Toma tiempo para alabar a los miembros de tu familia o a tus compañeros de trabajo.
- Visita o envía una tarjeta a un preso o a alguien en una residencia de ancianos.
- Dedica unos minutos a decirle a Dios lo grande que es, lo hermoso que es el mundo que ha hecho.
- Se considerado anticipando las necesidades de los demás.
- Toma tiempo para escuchar con paciencia; habla con suavidad y actúa con prudencia.
- Toma el tiempo de pensar antes de decir o hacer algo que pueda ofender a los demás.
- Distribuye folletos y panfletos a los amigos. Colócalos en iglesias, salones de belleza, consultorios médicos, etc.
- Toma tiempo para explicar a los demás las bellas verdades de tu religión.
- Lee a los ciegos; escribe recados a los enfermos y ancianos.
- Compra necesidades a los minusválidos.
- Visita centros de enfermería y rehabilitación.

- Haz voluntario para trabajar en tu hospital local.
- Pregúntale a tu pastor dónde necesita más ayuda.
- Lee la Biblia de forma programada, diaria o semanalmente.

SUGERENCIAS PARA EL SERVICIO DEL TALENTO

- Usa las buenas cualidades que Dios te ha dado, como el amor, la paciencia, la generosidad, etc., para beneficiar a tu prójimo. Al darlas, las aumentarás.
- Los talentos caseros, como cocinar, hornear o limpiar, pueden utilizarse para ayudar a los enfermos y ancianos.
- Ofrece tu capacidad de negocios a tu pastor o amigo para ayudar a aquellos que puedan tomar decisiones equivocadas de negocios.
- Extiende Su Reino ofreciendo cualquier talento que poseas para ser utilizado por tu parroquia, esfuerzos misioneros, etc.
- Los talentos musicales y artísticos pueden alegrar a los solitarios y a los ancianos.
- Los talentos de la costura pueden utilizarse para los pobres o para los amigos y parientes.
- Los talentos de la enseñanza difunden la Buena Nueva.

- Un espíritu alegre anima a los demás.
- Un espíritu apacible consiente los deseos de los demás.
- Se puede ofrecer talento organizativo para comités parroquiales y cívicos.
- El talento para hablar puede difundir altos ideales.
- Lleva a un enfermo a la misa dominical o a otras actividades parroquiales.

Sugerencias para el Servicio de Oración y Sufrimiento

- Ofrece la alabanza y dar gracias a Dios por Su Bondad contigo.
- Habla con Él a menudo durante el día compartiendo tus alegrías y penas con Él.
- Pide por la salvación de las almas y la extensión de su Reino y el bien de la Santa Madre Iglesia.
- Reza por el Pueblo de Dios y por las almas de los difuntos.
- Ofrece tus penas, dolores y frustraciones a Dios como una ofrenda de sacrificio por la salvación de las almas.
- Pasa un poco de tiempo cada día en la Presencia Silenciosa de Dios mientras le pides que te llene de Su Bondad.

- Esfuérzate por ser santo, por ser como Jesús en tu estado particular de vida.
- Pide que haya más personas que trabajen en la cosecha.
- Pide que el Señor libre a todos los Cristianos del mal.
- Reza por los líderes del país y de la Iglesia.
- Reza por señales confirmatorias para todos los que predican el Evangelio.
- Reza por los amigos, las relaciones y los enemigos.
- Reza por los dones y frutos del Espíritu para todos los Cristianos.
- Reza por los huérfanos, los presos, los solitarios y los ancianos.
- Une tu sufrimiento al de Jesús para la salvación de las almas.
- Haz un sacrificio de servicio.
- Reza por los que están en las cárceles y por su regeneración en Jesús.
- "Adopta" un sacerdote y reza por él cada día, para que su ministerio transforme el mundo.
- Acude a la misa y a la comunión con la mayor frecuencia posible. Ofrece la misa por la salvación y las bendiciones de tu familia, amigos y vecinos.

SUGERENCIAS PARA EL SERVICIO DE DONACIONES MONETARIAS

- Usa las bendiciones materiales que Dios te ha dado para apoyar su obra.
- Reza y pide al Espíritu Santo que le inspire a la hora de dar regalos monetarios.
- Ten un apostolado o propósito definido para tu don.
- Obtén Biblias y literatura espiritual para su distribución gratuita.
- Elige a algún misionero para apoyarlo mientras Él trabaja por el Reino.
- Junta monedas para utilizarlas para comprar artículos como estampillas, sobres, etc. para los esfuerzos misioneros.
- Regala un libro espiritual a un amigo para un aniversario o un cumpleaños.
- Apoyar las actividades parroquiales y diocesanas.
- Establece un fideicomiso, una dotación, o da a un legado para apoyar la obra del Señor.
- Ayuda a patrocinar un programa de televisión católico.
- Da generosamente a las campañas anuales de caridad católica y otros llamamientos organizados.

Oración por el portador de la buena noticia

Padre, Señor de todo, permíteme ser portador de la Buena Nueva con el ejemplo de una vida santa y utilizando parte de mis talentos y mi tiempo para la extensión de Tu Reino. Señor Espíritu, dame celo y entusiasmo para difundir la riqueza de la espiritualidad en la Iglesia. Haz que sus Sacramentos se conviertan en mi fuente de fuerza y gracia para llenar las almas de esperanza. Envíame hoy al menos un alma para que pueda contarle la noticia de Tu amor. Haz que el nombre de Jesús venga rápidamente a mis labios cuando me acerque a los desesperados, a los pobres y a los enfermos. Haz que la misericordia brote de mi corazón ante cualquier ofensa para que el mundo sepa que eres un Dios que perdona.

Te doy mis sufrimientos hoy para que muchas almas encuentren la luz. Te doy mi amor para que otros encuentren el Camino. Te doy mi día para que otros vean el reflejo de Tu Rostro.

Ayúdame, Señor Jesús, a cambiar el mundo y a construir tu Iglesia.

El Espíritu de la Familia

Vivimos en una época que hace hincapié en los objetivos personales, las carreras, la felicidad, el trabajo y la religión. El énfasis está en el individuo y en la mejor manera en que éste puede satisfacerse a sí mismo. Hay tantos grados y tipos de vida, ideales y moral como personas. Como uno de los denominadores comunes es la libertad de hacer lo que uno quiera, hay muy poco que contrastar. Para esta forma de pensar, todo el mundo es libre de ser y hacer lo que le plazca sin causar ningún daño a nadie. Este estado monótono de bla, bla, bla sólo perpetúa la oscuridad, ya que la luz se enciende con un choque de ideas, a partir de conceptos fuertes de lo correcto y lo incorrecto, de líderes que no tienen miedo y se mantienen firmes en el lado de la justicia.

Hoy en día no encontramos opciones entre el bien y el mal, sino la confusión de las medias verdades, la maldad descarada disfrazada como parte de la vida moderna, y una indiferencia al pecado llamada "tolerancia" y "amor". La autosatisfacción a costa de los demás se considera un tipo de realización, y cualquier reacción contraria es una violación de la libertad personal.

La vida conyugal se ha convertido para muchos en una carga necesaria, pero de la que se desprenden muy fácilmente. La fidelidad se ha convertido en un mero término bíblico que ya no es relevante ni posible en una época de ilustración moderna. El adulterio y la fornicación han pasado de la infidelidad y el pecado a la incapacidad de amar a una sola persona y a la satisfacción de las necesidades básicas. Los hijos, que deberían ser fruto del amor, se consideran meros accidentes, cargas financieras, consumidores del suministro de alimentos del mundo, una infracción de la libertad personal para utilizar talentos sin explotar que están destinados a ser enterrados para siempre. Este es, por desgracia, el pensamiento de la minoría para consternación de la mayoría descorazonada.

No todas las familias sufren todos estos males. Pero tal vez sea seguro decir que todos estamos contaminados de alguna manera con sus efectos. ¿Qué podemos hacer para corregir estos males? ¿Por dónde empezamos? ¿Huimos y nos escondemos en alguna zona remota o ese espíritu desesperanzado nos seguirá allá donde vayamos? ¿Nos unimos para construirnos y protegernos mutuamente? ¿Qué pasa con el resto de la humanidad si nos retiramos? ¿Son los problemas a los que nos enfrentamos tan gigantescos que nos vemos obligados a quedarnos quietos mientras esperamos el golpe final? ¿Forman los Cristianos grupos minoritarios para protegerse, crecer y perseverar?

Tal vez debamos buscar en los Evangelios para ver qué decía Jesús. Lo que encontremos debe ser aplicable a toda forma de vida familiar, a los Cristianos y a los no Cristianos, pues todos compartimos el mismo Padre: todos somos obra de sus manos. También debemos tener en cuenta que el concepto del Espíritu de la Familia es el núcleo de todo Cristiano y la meta de toda persona que busca la felicidad y el bien en esta vida.

El espíritu de familia no siempre es sinónimo de vida familiar. El hueso de nuestro hueso y la carne de nuestra carne hacen que haya hermanos, hermanas y parientes, que pueden estar tan distantes como los extraños en una tierra extranjera. El mundo siempre será bendecido con familias o se extinguirá. No siempre es bendecido con un espíritu de familia en medio de sus familias. El resultado es que todas las facetas de la vida cotidiana se ven afectadas por el egoísmo, la indiferencia, la falta de respeto, la crueldad y la frialdad.

La familia está en la raíz de toda la sociedad y el espíritu de la familia es una cualidad especial que alimenta a la familia con vigor y vitalidad. Cuando ese espíritu está presente, existe el deseo de mantenerse unidos en tiempos de crisis, de sacrificarse en tiempos de necesidad y de tener fuerza para afrontar las exigencias de la vida en común.

El espíritu de una relación familiar afecta a toda nuestra vida, y hemos sufrido la falta de ese espíritu a nivel comunitario, parroquial y nacional. En los barrios se teme el asesinato y el robo. La charla por encima de la valla es inexistente, pues el concepto de "vida personal" nos ha hecho desinteresarnos por el bienestar de nuestro vecino. Tememos que su carga se convierta en la nuestra, y nos preocupamos poco por su dolor, su soledad o su sufrimiento. Los ancianos se convierten en un mero obstáculo más a superar. Cada hogar es sólo una casa en la que los individuos viven—solamente juntos—en moteles en miniatura. Los vecinos son competidores en lugar de compañeros, sospechosos en lugar de confiados, indiferentes en lugar de serviciales, fríos en lugar de cariñosos, codiciosos en lugar de generosos. Ya no consideramos que vivamos en barrios, sino que sólo vivimos junto a "barrios". Vivimos en secciones ricas, de clase media o pobres de una ciudad, en lugar de comunidades de personas que viven juntas para el crecimiento mutuo.

Así como vive la familia individual, también vive la comunidad inmediata, la parroquia, la ciudad y el estado, la nación y el mundo. Un campo es feo o bello según las pequeñas semillas sembradas en abundancia. De las malas hierbas surge una espantosa maleza que no es ni atractiva ni inspiradora, pero de las semillas seleccionadas, cuidadas y podadas durante el crecimiento, surgen árboles que deleitan la vista y frutos que alimentan el cuerpo. Veamos qué es lo que falta en nuestra vida familiar y en sus diversos aspectos, por qué es antiestética y penosa, por qué se ha hundido hasta tal punto en tan poco tiempo. ¿Nos dicen los Evangelios lo que podemos o no podemos hacer? Si es así, miremos profundamente para ver si hay alguna solución a tal problema.

En primer lugar, sabemos algunas cosas que no podemos hacer, y una de ellas es que no podemos huir. "No te pido que los saques del mundo, sino que los defiendas del Maligno" (Juan 17:15). Hemos de cambiar el mundo, transformarlo como somos transformados, renovar su espíritu como se renueva el nuestro, y hemos de hacerlo en medio de la maldad del mundo. "Ellos no son del mundo", rezó al Padre, "Tampoco yo soy del mundo. Conságralos mediante la verdad: tu palabra es verdad. Así como tú me has enviado al mundo, así yo también los envío al mundo" (Juan 17:16-18). Todo Cristiano ha sido llenado de Dios y luego enviado al mundo para llevarle a ese Señor y Salvador. El Espíritu Santo dentro de los Cristianos fluye fuera de ellos, tocando las vidas de todos a su alrededor.

Jesús explicó lo que sucedería cuando ese Espíritu comenzara a vivir en el alma y el alma comenzara a vivir en el Espíritu. Se produciría una unión con Dios, una unión tan poderosa, tan sencilla y tan sublime que nadie podría acercarse a ella y no verse afectado por ella.

"Yo en ellos y tú en mí. Así alcanzarán la perfección en la unidad, y el mundo conocerá que tú me has enviado y que yo los he amado a ellos como tú me amas a mí" (Juan 17:23). La Trinidad, tres Personas en un solo Dios, es una comunidad, una familia. Dios es amor, y ese amor se extiende en el Cristiano y, a su vez, debe extenderse al mundo: la Familia en la Trinidad y la Trinidad en la Familia.

Jesús nos da la razón de esto: "para que el amor con que me has amado esté en ellos y para que yo esté en ellos". Es una realidad impresionante, una responsabilidad terrible: el Cristiano posee en su alma, por medio del Espíritu Santo, el mismo tipo de amor con el que el Padre ama al Hijo. Como estamos hechos a su imagen, poseemos Su Espíritu y estamos llenos de su amor, esto crea en el alma un espíritu de familia: una preocupación por los demás, un deseo de difundir la bondad, una capacidad de amar, una nueva fuerza para el sacrificio, una capacidad de dar cien veces más fruto.

Dentro del alma individual existe la Familia de Personas, una necesidad de compartir, de dar, de irradiar, de expresar preocupación. Ya no hay un individuo aislado, que se busca a sí mismo solo, sino una unión, el alma y la Trinidad, uno en voluntad, en propósito, en amor.

"Aquel día comprenderán que yo estoy en mi Padre y ustedes están en mí y yo en ustedes" (Juan 14:20). Esta dependencia del alma de Dios para su vida, su aliento y su alegría crea la necesidad de dar como se le da. Al sentirse colmada, el alma desea darse a los demás de la misma manera desinteresada que recibe de Dios, su Padre. El Espíritu de la Familia nace dentro del alma y ese Espíritu se extiende a todos, en todas partes, en todas las facetas de la vida cotidiana. Una fuente constante de amor interminable se derrama desde el alma y Dios juntos. Se enciende una chispa dentro de los corazones fríos, se restablece la armonía donde antes reinaba la disensión, la fe donde el cinismo y la incredulidad eran los dueños.

Qué ciertas son las palabras que Jesús nos dirigió cuando dijo: "El que permanece en mí y yo en él, ése da mucho fruto" (Juan

15:5). Fuimos creados a su imagen, y esa imagen no está sólo en nuestras facultades intelectuales, sino en la armonía de la vida de la Trinidad. El pecado destruyó esa armonía. El hombre decidió quedarse solo, fuera de la influencia de la Trinidad: los Tres en un solo Dios.

Cuanto más se rebelaba el hombre, más se alejaba de la armonía y del espíritu de familia. Por mucho que se esforzara, el hombre y Dios se encontraban en una base "Creador/criatura", sirviente del Gran Yahvé. Pero el Padre envió a Su Hijo y cuando el "Verbo se hizo carne y habitó entre nosotros", cuando murió y resucitó, nos concedió el don de los dones: la oportunidad de formar parte de la familia de Dios. Jesús, nuestro hermano, Dios nuestro Padre, el Espíritu nuestro Morador.

"Ya no les llamo servidores", dijo Jesús, "porque un servidor no sabe lo que hace su patrón. Los llamo amigos, porque les he dado a conocer todo lo que aprendí de mi Padre" (Juan 15:15). "Tomen a cualquiera que cumpla la voluntad de mi Padre de los Cielos, y ése es para mí un hermano, una hermana o una madre" (Mateo 12:50). Hacer la Voluntad del Padre es ser hijo del Padre. El Espíritu de Jesús en nosotros inspira, conduce y otorga una mayor participación en la propia Naturaleza de Dios cada vez que elegimos Su Voluntad en lugar de la nuestra, cada vez que preferimos nuestra Familia de Personas (la Trinidad) a nosotros mismos. Este constante dar y recibir por parte de Dios y del alma es el núcleo del espíritu de la familia en nosotros. A medida que nos habituamos a este tipo de vida familiar, contagiamos este espíritu a los demás. Como Dios es el iniciador de la bondad a nuestro respecto, nos convertimos en los iniciadores de la bondad en la vida de los demás. Así como Dios nos ama porque es bueno, nosotros amamos al prójimo por esa fuente infinita de bondad que hay en nosotros

Somos capaces entonces de ser indulgentes con nosotros mismos, de preferir el bien de los demás al nuestro, de hacer el bien a los que nos persiguen y de perdonar setenta veces siete. Podemos ser verdaderamente compasivos como nuestro Padre es compasivo y misericordioso como Él es misericordioso, porque nuestra vida familiar con la Trinidad nos ha permitido amar de la misma manera que Dios ama.

La vida familiar también ha sufrido a nivel de la Parroquia. Es un lugar en el que somos bautizados, confirmados, enseñados, limpiados, casados y enterrados. La Parroquia puede convertirse en el "tablero de bateo" de la familia. Como representa a Dios, la culpamos cuando las cosas van mal, la criticamos cuando no comparte nuestras opiniones y la condenamos cuando flaquea. El resultado puede ser una parroquia que aloja facciones, interpone disensiones y gasta un tiempo precioso simplemente en evitar que el barco naufrague. No hay progreso hacia adelante para dar valor, ni digresión hacia atrás para señalar el peligro. Las familias se convierten en estadísticas, los trabajadores se clasifican como dadores o no dadores, trabajadores o no trabajadores. El pastor y las ovejas acaban enfrentándose para sobrevivir.

La vida familiar a nivel nacional es inestable e incierta. Se desconfía de los líderes, los cargos políticos se han convertido en sinónimo de trampas, sobornos y mentiras. Las empresas pecaminosas se consienten bajo la apariencia de libertad. El aborto y la eutanasia son meros debates sobre cuestiones candentes. La presión política, más que un profundo deseo por el derecho a la vida, decide en última instancia la respuesta, formula las leyes y racionaliza el pecado. El miedo a las decisiones de los gobernantes crea una guerra fría entre los gobiernos y los ciudadanos de esos gobiernos. La integridad, la honestidad, la justicia y la sabiduría de los gobernantes se ponen en duda, y entonces es cuando la fe y la esperanza en la nación se tambalean. El amor se enfría y con él la lealtad.

La Familia Religiosa también ha sufrido en este día de iluminación. La seguridad de esa vida es incierta. Los religiosos ya no se sienten unidos por los lazos de los votos y el compromiso mutuo. Hay una nueva libertad que llena el alma con el frío de la indiferencia hacia los demás, hacia los miembros ancianos y enfermos, hacia el apostolado y la jubilación. La decepción y la angustia calan hondo en algunos corazones, mientras que otros temen el futuro de la orden que tanto amaron. La confusión sobre las prioridades y los valores provoca disensiones, y las soluciones complicadas producen cargas demasiado pesadas de llevar. El constante cambio de puntos de vista y opiniones teológicas hace tambalear cualquier apariencia de estabilidad. Las vocaciones comienzan a tambalearse. La rebelión de corazón contra los buenos cambios o las modificaciones necesarias causa un daño incalculable. La familia religiosa pierde la unión y el sentido de pertenencia.

El Espíritu de la Familia en nuestras almas dará lugar a ennoblecer y construir el espíritu de la familia en nuestra vida en el hogar, en nuestra comunidad, en nuestra parroquia y nación. En la medida en que estemos alejados del espíritu de la familia en nuestra alma, en ese grado estaremos en enemistad con nuestro hermano. Nuestra relación con el prójimo será cercana, distante o indiferente. Sólo cuando vivimos dentro del calor del amor desinteresado de Dios podemos invitar a los demás a entrar desde el frío.

Las naciones no caen sino cuando las familias han dejado de vivir con espíritu familiar. También es cierto que los miembros de las familias no se alejan los unos de los otros, excepto cuando cada miembro decide quedarse solo fuera de la familia de Dios. Puesto que fue hecho a esa Imagen, sólo viviendo y creciendo en ella puede dar el fruto de la armonía y la unidad.

"Yo soy la vid, ustedes los sarmientos. El que permanece en mí y yo en él, ése da mucho fruto" (Juan 15:5).

Vemos el surgimiento de este espíritu de familia inmediatamente después de Pentecostés. Antes de Pentecostés, los Apóstoles y los discípulos eran individuos llamados a realizar una obra. Cuando llegó la prueba en la Crucifixión, cada uno corrió por su lado. Después de la Resurrección y la Ascensión permanecieron juntos, pero más por miedo que por amor.

Cuando recibieron el Espíritu de Jesús en sus propias almas, se convirtieron en hermanos de familia. Había un vínculo invisible entre ellos que ni las pruebas, ni las persecuciones, ni los choques de personalidad, ni las diferencias de opinión podían disminuir. En lo más profundo del corazón de cada uno de los que poseían el Espíritu Santo, la meta era la imitación de Jesús. Esta unidad de corazón les hacía ser uno en la mente.

Veían a Dios en todo lo que les ocurría, dependían de Él para todo lo que necesitaban y le rezaban unos a otros. Los choques de personalidad que antes perturbaban y causaban disensiones, ahora se convertían sólo en oportunidades para morir al yo, ser comprensivos e imitar a Jesús. Trataban a todos los hombres como hermanos, y por eso San Pedro podía decir: "Por causa del Señor... la Voluntad de Dios respecto de ustedes es que, obrando el bien, callen la ignorancia de los imbéciles... Respeten a todos, amen a los hermanos, teman a Dios y respeten al que gobierna" (1 Pedro 2:13, 15 y 17). El Espíritu de la Familia entre los primeros Cristianos llegó a todo el mundo, y fue ese espíritu de unión, amor y respeto el que dio testimonio al mundo de que Jesús era el Señor Mesías.

Oración

Oh, Santísima Trinidad, permíteme vivir dentro de Ti para que podamos compartir y hablar como el amigo habla al amigo. Permite que nuestra unión de mente y corazón, a través del poder de Tu Espíritu, me permita vivir como uno contigo. Deja que el poder de esa unión toque los corazones de todos los que me rodean para que todos puedan compartir nuestra armonía juntos en Tu Espíritu.

Haz que mi familia, mi comunidad, mi parroquia y mi nación vivan y crezcan en este espíritu de familia, para que el mundo sepa que Jesús es el Señor y que Tu amor abraza a toda la humanidad. Amén. Que así sea.

En Alabanza a la Bondad

Cuando los historiadores miren hacia atrás en este siglo veinte, verán principalmente dos cosas: grandes avances en la ciencia y grandes pecados. En ninguna otra época el hombre ha dado pasos tan gigantescos hacia adelante y hacia atrás al mismo tiempo. El aspecto desconcertante de este fenómeno es que pasa desapercibido para muchos. Porque mientras vamos para atrás, hemos ido más allá de los años y hemos alcanzado niveles de como animales. Al mismo tiempo, hemos avanzado con una tecnología que puede tocar un botón y dirigir un misil a miles de kilómetros de distancia, enviar voces en rayos láser e imágenes por satélites.

El impacto de esa vida hacia adelante y hacia atrás desgarra la identidad de la naturaleza humana que Dios nos ha dado. Nos parecemos a los ordenadores intelectualmente y a los animales emocionalmente. Somos como niños que juegan, con el único objetivo de divertirse. Cuando la diversión se acaba, cambiamos de juego o colgamos la cabeza con una mueca de aburrimiento mientras esperamos que llegue la siguiente emoción.

El letargo es otro mal de nuestros días. Hay muchos que no son culpables de hacer nada malo, pero son muy culpables de los pecados de omisión, de las cosas que dejan de hacer, de las cosas buenas, de las palabras amables y atentas, de los pensamientos compasivos y de las actitudes esperanzadoras que podrían haber tenido hacia el prójimo. Esto promueve la falta de celo por la Iglesia y el Reino de Dios. A primera vista uno podría pensar que esto no es importante, pero sí lo es. Sin esta fuerza interior que nos hace preocuparnos, nos hace infatigables en nuestros esfuerzos por cambiar, fuertes en nuestros principios Cristianos, en nuestra fe y en nuestra moral, estamos abiertos y somos vulnerables a todo tipo de tentaciones mundanas, a la falsa doctrina y al mal deseo. Somos como "cañas agitadas por el viento" (Mateo 11:7), sin propósito, meta o celo.

San Pablo pinta una escena explícita de lo que ocurre cuando nos dejamos llevar por esta forma desganada y sin rumbo.

"A pesar de que conocían a Dios, no le rindieron honores ni le dieron gracias como corresponde. Al contrario, se perdieron en sus razonamientos y su conciencia cegada se convirtió en tinieblas. Creyéndose sabios, se volvieron necios" (Romanos 1:21). Las consecuencias de la inercia espiritual son trágicas y San Pablo vio estos resultados igual que nosotros hoy. "Por esto", dijo a los romanos, "Dios dejó que fueran presa de pasiones vergonzosas: ahora sus mujeres cambian las relaciones sexuales normales por relaciones contra la naturaleza. Los hombres, asimismo, dejan la relación natural con la mujer y se apasionan los unos por los otros; practican torpezas varones con varones, y así reciben en su propia persona el castigo merecido por su aberración" (Romanos 1:26-32).

Esta carta de Pablo se lee como el periódico de hoy. Los tiempos no han cambiado, pero deberían haberlo hecho. Los seres humanos siguen insistiendo en vivir en el nivel degradante de las pasiones incontroladas y el vicio, pero Dios desea hacer ahora lo mismo que hizo entonces, y es inspirar a los Cristianos para que vayan en contra de las tendencias del momento y sean virtuosos.

El hombre de mundo de hoy proclama que el pecado, y su emprendimiento en el pecado, son parte de la vida moderna, pero no es moderna. Se remonta a Adán y Eva: el deseo y la tentación de conocer, de experimentar el mal. El problema de este viejo engaño es que el conocimiento del mal borra el deseo del bien. El mal envuelve lentamente el alma con los finos hilos de seda de la autocomplacencia. A medida que cada hilo se afianza, es sólo cuestión de tiempo antes de que el alma sea sorda, muda y ciega a la virtud, a la bondad y a Dios. Es entonces cuando el resto de la carta de Pablo se convierte en una realidad, pues están "sin cerebro, sin honor, sin amor y sin piedad".

El hombre puede racionalizar sus pecados y lo hace. Encuentra razones para todas sus debilidades, inventa excusas que primero calman y luego amortiguan su conciencia. Culpa a Dios, a la sociedad, a la educación y al entorno de su maldad. Si su conciencia consigue sobrevivir a este bombardeo de razonamientos, se permite entonces la amplia excusa de la vida moderna: nuevos conceptos de moralidad y superioridad intelectual sobre los que vivieron antes que él. Este último tipo de excusa da el golpe de gracia a su conciencia. La aceptación del pecado por parte de la mayoría lleva al alma a reinos ilimitados de autoindulgencia, ya que el respeto humano, por muy imperfecto que sea el motivo, es apartado por la aceptación humana. Todas las debilidades que antes eran controladas por la oración y la gracia de Dios, surcan el alma como un tornado en un campo vacío, dando vueltas y vueltas, desarraigando las flores de la virtud, el fruto del trabajo duro y la tierra de la bondad. El alma se convierte en un laberinto de sueños destrozados, metas torcidas y ambiciones aplastadas. Es ahora cuando el alma queda finalmente esclavizada por las pasiones incontroladas, y el oscuro silencio de la desesperación cae sobre ella.

"Es fácil reconocer lo que proviene de la carne", escribió Pablo a los gálatas, "fornicación, impurezas y desvergüenzas; culto de los ídolos y hechicería; odios, ira y violencias; celos, furores, ambiciones, divisiones, sectarismo y envidias; borracheras, orgías y cosas semejantes" (Gálatas 5:19-21). Aquí vemos la naturaleza humana en su peor momento, cediendo a toda inclinación al placer. No solemos pensar en los desacuerdos, las facciones, el mal humor, las peleas y los celos como una debilidad autoindulgente, pero cuando miramos más de cerca encontramos el egoísmo como base de estos pecados. Nos convertimos en engreídos, opinantes, voluntariosos y dominantes. Éstos ponen el énfasis y los valores en la gratificación de nuestros propios sentimientos, razonamientos y voluntad; las tres facultades del alma quedan completamente absortas en sí mismas, dejando a Dios y al prójimo fuera. ¿Cuál es el remedio para tal condición del corazón y del alma? ¿Es posible, en este mundo de autocomplacencia, tomar una posición contra la tendencia general? Sí, Jesús vino con este mismo propósito. El Espíritu que nos envió y la gracia que nos mereció pueden darnos el valor y la fuerza para resistir al mundo y a todas sus seducciones.

San Pablo, al hablar a los colosenses de su impureza, avaricia y malos deseos, les dijo: "Ustedes siguieron un tiempo ese camino, y su vida era así. Pues bien, ahora rechacen todo eso: enojo, arrebatos, malas intenciones, ofensas y todas las palabras malas que se pueden decir... y se revistieron del hombre nuevo que no cesa de renovarse a la imagen de su Creador hasta alcanzar el perfecto conocimiento" (Colosenses 3:7-10).

Qué grande es la misericordia de Dios. No sólo nos acosa para que nos arrepintamos, sino que nos da toda una nueva creación dentro de nuestras almas. Es tal el cambio que provoca el arrepentimiento, que el alma se convierte en una imagen clara de su Creador; de una vida de miseria, desesperanza, esclavitud y culpa, a una de alegría, confianza, libertad y autocontrol. La oscuridad da paso a la luz, la pasión a la virtud, la tristeza a la alegría.

Somos muy conscientes del efecto del mal en nuestras almas. Tal vez necesitemos meditar sobre la necesidad de la bondad, para poder elegir el camino correcto y cumplir el propósito de nuestra creación.

Una memoria limpia–Pureza de corazón

La facultad del alma que llamamos Memoria es la más trabajada por el mundo, la carne y el diablo. La Memoria es como un ordenador: almacena todo lo que pasa por los cinco sentidos. Toma estas impresiones y las realza con la imaginación y los resultados pueden ser trágicos si no tenemos discernimiento. Jesús dijo a sus discípulos: "Los pensamientos malos salen de dentro, del corazón: de ahí proceden la inmoralidad sexual, robos, asesinatos, infidelidad matrimonial, codicia, maldad, vida viciosa, envidia, injuria, orgullo y falta de sentido moral. Todas estas maldades salen de dentro y hacen impura a la persona" (Marcos 7:20-23).

Debemos tener mucho cuidado con lo que permitimos que entre en este ordenador, ya que no se puede borrar fácilmente. Hoy en día el mundo no ha dejado nada sin hacer para obtener el dominio del nivel de memoria de cada hombre, mujer y niño. Dondequiera que uno vaya, hay un aluvión de maldad que busca ser almacenada en la memoria. Las vallas publicitarias, los anuncios, la televisión, los periódicos, las radios y las canciones se orientan cada vez más hacia la "irresponsabilidad sexual, la violencia, los prejuicios, la desobediencia y la rebelión", todo lo cual está almacenado en la memoria, siempre listo para que el Enemigo lo saque a la luz, lo ponga delante de nosotros y nos tiente a actuar más a nivel animal que a nivel de la razón. Si nuestra fe en Dios es débil, nuestra esperanza vacilante y nuestro amor por Él frío, nos convertimos en presa fácil de los ataques del mundo, la carne y el diablo. Esta es la razón por la que tantos hombres, destinados a ser hijos de Dios, se rebajan a niveles degradantes, viven sólo para el placer y rara vez hacen lo que es razonable. Jesús describe esta situación cuando nos pide que juzguemos un árbol por su fruto. "La boca siempre habla de lo que está lleno el corazón. El hombre bueno saca cosas buenas del bien que guarda dentro, y el que es malo, de su mal acumulado saca cosas malas" (Mateo 12:34-35).

Como hijos de Dios, tenemos el feliz privilegio de irradiar la bondad de nuestro Padre. Esto exige la obligación de velar porque no entra en la facultad hecha a Su imagen nada que estropee o distorsione de algún modo esa imagen.

Nuestra Memoria debe ser compasiva con los que nos han hecho daño para no albergar resentimientos, libres de cualquier recuerdo que nos haga perder el autocontrol. Como una jarra vacía, sólo puede retroalimentar lo que nosotros a su vez le hemos dado de comer. Nuestros principios Cristianos y el seguimiento de Jesús llenarán esta facultad de cosas buenas: pensamientos de perdón, comprensión compasiva y pureza de corazón. La Esperanza sustituirá a la desesperación, y la alegría, a la tristeza. El aire fresco de la gracia de Dios reemplazará el hedor enfermizo del mal, a medida que la basura de los malos pensamientos se desintegre ante el fuego de Su Amor.

Un Intelecto Limpio: Pureza de Mente

Todo lo que alimentamos con nuestra Memoria es absorbido por nuestro intelecto. La razón separa, divide, analiza, forma opiniones y toma decisiones. Es aquí donde llegamos a un conjunto de valores y prioridades. Si nos permitimos vivir sólo en el nivel de la memoria, entonces nuestros valores bajan casi al nivel del "instinto" o fijamos nuestras metas en valores que son pasajeros, sin importancia o imaginarios. Lo vemos todo en un nivel egoísta, juzgamos todo sólo por su efecto en nosotros, trabajamos sólo por nuestro propio bien y tenemos poca o ninguna consideración por nuestro prójimo. La crueldad, la desobediencia y la grosería se apoderan de una facultad que nos fue dada por Dios para elevarnos por encima de cualquier otro animal. Como resultado, el hombre puede hacer cosas que los animales sin razón nunca harían.

Jesús vino para que pudiéramos vivir en un nivel superior: el nivel de la fe. Se hizo hombre y sufrió la crueldad de otros hombres para que nos eleváramos por encima de este mundo y siguiéramos sus pasos. Él quiere que vivamos, no por las cosas que vemos, sino por las que no vemos. Nos dijo que su Padre era nuestro Padre; Su Espíritu vive en nuestras almas. Su Amor está preparando un lugar para nosotros en la Casa de Su Padre.

No debemos temer las pruebas, el sufrimiento, la pobreza o el dolor, porque Él los tuvo todos y los superó. Nos dio las Bienaventuranzas para vivir y estos principios se elevan por encima de nuestra razón humana. Nos dijo que los "pobres de espíritu poseerán un reino", mientras que la razón humana dice que no poseen nada. Dijo que los "gentiles heredarán la tierra", pero la razón dice que la pierden y que sólo los violentos poseen la tierra. Prometió que los que "lloraran por sus pecados serían consolados", pero la razón dice que es inútil llorar por el pasado. Los que tienen sed de santidad serán satisfechos, dijo a los Apóstoles, pero la razón humana dice que es mejor buscar la ganancia mundana en el aquí y ahora.

A los "misericordiosos" se les prometió la misericordia y a los "puros de corazón" la vista de Dios, pero la razón humana dice que se puede llevar el perdón demasiado lejos y que la pureza es una virtud del pasado.

Él tenía en alta estima a los "pacificadores", los llamaba "hijos de Dios", pero la razón humana los llama "entrometidos o tontos" que se meten en los asuntos de los demás.

Para el mundo, la bienaventuranza más "irracional de todas" es aquella en la que Jesús espera que sus seguidores "se alegren y se muestren contentos, porque será grande la recompensa que recibirán en el cielo" (Mateo 5:1-12). El mundo no puede aceptar la pérdida como ganancia. Es fácil ver que, si vivimos sólo con la razón humana, nos veremos atascados por mil razones legítimas para vivir una vida miserable y esclavizada. Sólo esas gloriosas Bienaventuranzas nos elevan por encima y más allá de nuestra razón humana a la libertad de los hijos de Dios.

Alma limpia–Pureza de Voluntad

Mientras nuestra Memoria nos presenta qué elegir y nuestro Intelecto discierne cómo y por qué, es la Voluntad la que realiza, ejecuta y hace. Este poder puede decir sí o no incluso a Dios. Es un poder impresionante, otorgado por un Dios impresionante. Cuando la Voluntad va, el alma va, y por eso vemos a Jesús dirigiéndonos constantemente al cumplimiento de la Voluntad del Padre por encima de la nuestra. Su propia vida fue vivida sólo para hacer la Voluntad del Padre. Llamó a esa voluntad su "alimento". Estaba ansioso por cumplirla y nos dijo una y otra vez que Él "no puede hacer nada por su cuenta, sino sólo lo que ve hacer al Padre" (Juan 5:19; 8, 28).

Nos prometió que si hacíamos la santa y perfecta Voluntad del Padre, seríamos como una "un hermano, una hermana o una madre" para Él (Mateo 12:50). Él no nos obligará a darle esta preciada posesión; la quiere de nosotros libremente y por amor. Sólo el mundo, la carne y el Enemigo utilizan la fuerza para poseer nuestra Voluntad. Para lograr esto, el mundo usa seducciones, la carne usa pasiones, y el Enemigo usa el engaño. Todas estas seducciones son poderes que coaccionan y fuerzan la voluntad del hombre en la dirección del mal. La mente se confunde y es incapaz de ver claramente la elección correcta. Sólo Dios permite al hombre elegir libremente, presentándole la gracia, la luz y el amor, que producen la claridad de pensamiento y mente tan necesaria para una elección sabia. No existe la confusión, la ansiedad y la frustración tan presentes en el alma como cuando la voluntad está influenciada por el mal.

La realización de esa Santa Voluntad no siempre es fácil; no lo fue, ni siquiera para Jesús. Por difícil que sea, podemos estar seguros de que es mucho menos difícil que la frustración de elegir cualquier otra voluntad. La elección del mal sobre el bien es siempre más dolorosa que el dolor momentáneo del autocontrol.

Fuimos creados por Amor, por Amor para amar. Estamos fuera de lugar y somos inadaptados cuando tratamos de ser algo más que aquello para lo que fuimos creados: buenos, amorosos, alegres, compasivos, amables, comprensivos, castos y santos, "santos como nuestro Padre celestial es santo".

Creceremos en Esperanza a medida que nuestra Memoria se llene de misericordia, y creceremos en Fe a medida que nuestro Intelecto se llene de humildad. Entonces es cuando nuestra Voluntad, unida a la Suya, crecerá en Amor, pues los "justos brillarán como el sol en el Reino de su Padre" (Mateo 13:43).

Madre M. Angélica
(1923–2016)

Madre María Angélica de la Anunciación nació como Rita Antoinette Rizzo, el 20 de abril de 1923 en Canton, Ohio. Después de una infancia difícil, la sanación de su recurrente dolencia de estómago llevó a la joven Rita a un proceso de discernimiento que culminó en las Clarisas de la Adoración Perpetua, en Cleveland.

Trece años después, en 1956, la hermana Angélica le prometió al Señor mientras esperaba la cirugía de su columna que, si Él le permitía caminar de nuevo, le construiría un monasterio en el Sur. En Irondale, Alabama, la visión de Madre Angélica tomó forma. Su enfoque distintivo para enseñar la Fe condujo a charlas parroquiales, luego folletos y libros, luego oportunidades de radio y televisión.

En 1980, las Hermanas habían convertido un garaje del monasterio en un rudimentario estudio de televisión. Nació

EWTN. Madre Angélica ha sido una presencia constante en la televisión de los Estados Unidos y en todo el mundo durante más de treinta y cinco años. Se han atribuido innumerables conversiones a la fe católica, a su don único de presentar el evangelio: alegre pero resuelto, tranquilizador pero vigorizante.

Madre Angélica pasó los últimos años de su vida enclaustrada en el segundo monasterio que fundó: Nuestra Señora de los Ángeles en Hanceville, Alabama, donde ella y sus Monjas se dedicaron a la oración y adoración de Nuestro Señor en el Santísimo Sacramento.